EQUILÍBRIO NO TRABALHO

Michael Carroll

EQUILÍBRIO NO TRABALHO

Tradução de
ALEXANDRE TUCHE

NOVA ERA

CIP-Brasil. Catalogação-na-fonte
Sindicato Nacional dos Editores de Livros, RJ.

Carroll, Michael, 1953-
C313e Equilíbrio no trabalho / Michael Carroll; tradução de Alexandre Tuche. – Rio de Janeiro: Nova Era, 2007.

Tradução de: Awake at Work
Apêndices
ISBN 978-85-7701-172-8

1. Awake at work (Organização). 2. Satisfação no trabalho. 3. Corpo e mente. 4. Centragem (Psicologia). 5. Motivação (Psicologia). 6. Cuidados pessoais com a saúde. I. Título.

CDD – 650.1
07-2313 CDU – 65.011.4

Título original norte-americano:
AWAKE AT WORK

Publicado mediante acordo com Shambhala Publicatios, Inc.,
300 Massachusetts Ave., Boston, MA 02115, USA.

Impresso no Brasil

ISBN 978-85-7701-172-8

PEDIDOS PELO REEMBOLSO POSTAL
Caixa Postal 23.052
Rio de Janeiro, RJ – 20922-970

Para minha mãe, Elaine, a primeira a apontar o caminho.

Para meu pai, Thomas, o primeiro a me ensinar a não prejudicar ninguém.

Para meu professor, Chögyam Trungpa Rinpoche, que me apresentou à realidade.

SUMÁRIO

PARTE TRÊS
Trabalhando com os outros

PARTE QUATRO

Agindo de forma precisa

APÊNDICES

AGRADECIMENTOS

SOU PROFUNDAMENTE GRATO ao meu professor Chögyam Trungpa Rinpoche por me apresentar de forma firme e generosa aos ensinamentos da Shambhala e de Kagyu-Nyingma, de modo que alguém como eu pudesse adquirir um pouco de compreensão; a Dudjom Rinpoche e Karmapa, por convidarem criancinhas para brincar em seu campo; a Sakyong Mipham Rinpoche, por encorajar todos nós a sair; a Osel Tendzin, que me contou a verdade; a Khenpo Khatar Rinpoche, por me instruir pacientemente no *lojong*; a David Nichtern, que ordenou que eu escrevesse este livro; a Susan Piver-Browne, por apreciar a aventura com tão boa vontade; a Carol Williams, por me ajudar cuidadosamente a tecer minhas visões; a Peter Turner, por ter mais confiança que hesitação; a Eileen Cope, por ser clara e estimulante; a Josh Baran, por ajudar os outros sem nada esperar; a Eden Steinberg, por ser disciplinado e paciente; a Alan Schoonmaker, por ser um sábio maravilhoso, que consegue transformar até o pôquer num caminho de reflexão; a Ben Roter, que me deu lições infinitas em toda a minha carreira executiva; a Steve McCurry, por me mostrar como viajar no Tibete; à Dra. Flavia Cymbalista, por me ensinar a ouvir com profundidade a sabedoria do meu corpo; a Jonathan McKeever, que nunca entregou os pontos; a Ellie Byrom-Haley, que trouxe elegância à comemoração; a Katherine Handin, cuja coragem e argúcia nunca diminuíram; a Hayden Gesar Carroll, meu filho, por me inspirar e me fazer sorrir todas as manhãs. Finalmente, serei eternamente grato à minha melhor amiga, Susanna Lack, sempre terna e poderosa, e que nunca deixa que eu desista diante das dificuldades.

INÍCIO

O convite do trabalho para despertar

EM 1980, AOS 26 ANOS, deixei de lado minhas ambições mundanas — e investi todas as minhas economias — para participar de um seminário budista em Alberta, no Canadá, conduzido pelo renomado mestre tibetano de meditação Chögyam Trungpa Rinpoche. No seminário, ficávamos sentados em estado de meditação durante sete ou oito horas por dia, estudávamos textos tibetanos e indianos, e discutíamos ensinamentos budistas atemporais entre nós e com Rinpoche. O treinamento era rigoroso e detalhado, e o tempo passado naquelas extensas e suntuosas áreas das Rochosas no Canadá foi maravilhoso.

Eu, então um jovem entusiasmado fazendo uma busca espiritual, senti que tinha chegado ao santuário interior. Vivenciava a vida na clausura, estudava os ensinamentos antigos com um mestre renomado. Certamente, a vida não poderia ficar melhor do que isso! Eu havia deixado para trás o mundo do materialismo e estava estudando as técnicas de meditação que me levariam à sabedoria e à bem-aventurança. No entanto, apesar de minhas elevadas ambições, iria logo descobrir que estava sendo treinado para algo muito mais prático e profundo.

Com o passar das semanas, decidi com firme convicção que queria me dedicar ao estudo espiritual e à meditação pelo resto da vida. Considerei os detalhes de tamanha aventura. Onde viveria? Como pagaria as contas? Que contas eu ainda teria? Poderia vagar de um lugar para o outro ou deveria encontrar um monastério que me acolhesse? Como minha namorada se sentiria quanto ao fato de eu levar uma vida de monge? Provavelmente, ficaria aliviada, pensei. Tudo era muito emocionante. Estava convencido de que faria a escolha correta.

Perto do fim do seminário, solicitei um encontro com Rinpoche, e tinha em mente contar-lhe minhas intenções. Não se podia ter certeza do que diria, mas eu estava certo de que ele me daria conselhos sobre como proceder. Talvez sugerisse que eu entrasse para um monastério ou me orientaria a fazer um longo retiro de meditação. Talvez percebesse o meu verdadeiro potencial e me mandasse para Sikkim para estudar aos pés do Karmapa, um dos mais reverenciados professores do budismo tibetano.

Como o seminário se aproximava do fim, nós todos nos reunimos para uma comemoração de formatura. Rinpoche nos reuniu para as festividades e sentou-se na extremidade oposta do grande e espaçoso salão. Naquela noite, a tristeza de muitas despedidas, a florescente primavera canadense e a festa de formatura mesclavam-se num final perfeito para um verdadeiro momento de definição na minha vida quando um jovem disse para mim:

— Rinpoche falará com você agora.

"Agora?", pensei. "No meio de uma festa?" Eu finalmente tinha minha chance de falar com ele, mas não me sentia preparado.

Acompanharam-me até Rinpoche e, após a costumeira saudação e os típicos momentos de silêncio e embaraço, comecei a explicar meus planos para me tornar um meditador em tempo integral. Ele ouviu pacientemente minha argumentação, sorrindo, assentindo com a cabeça e examinando meu rosto. Expliquei-lhe que tinha largado o emprego, abandonado o lar e investido todas as minhas economias para ir ao seminário. Estava decidido a chegar ao cerne dos ensinamentos, empenhado na meditação e disposto a passar o resto da minha vida concentrado exclusivamente no caminho budista. Agora só precisava de alguns conselhos. Uma ou duas dicas. Então perguntei:

— Como eu devo proceder?

— Volte para casa e arrume um emprego — respondeu ele instantaneamente.

Eu gaguejei e tentei tomar pé da situação; minha cabeça estava acelerada. "Talvez ele ache que não sou bom o suficiente para ser monge. Ou talvez pense que sou outra pessoa. Isso não é incomum; com tantos alunos, ele poderia cometer um erro desses." Tentei agarrar-me a uma possibilidade — qualquer uma. Não esperava que ele me dissesse para cair fora — e arrumar um emprego!

Então pensei: "Talvez eu não tenha sido claro. Talvez ele tenha me entendido mal." Recobrei o controle e expus minha argumentação mais uma vez. E, de novo, Rinpoche ouviu pacientemente o meu raciocínio, bebericando o conteúdo do copo, sentado firmemente na cadeira. Por fim, ele se recostou e com um grande sorriso travesso disse:

— Você pode fazer. Experimente.

A entrevista estava concluída, e minha carreira monástica estava arruinada. As mesas tinham sido viradas, e eu estava, em muitos aspectos, excluído.

Então, foi com sentimentos conflitantes que deixei o Canadá e retornei a Nova York. Mas a breve conversa com meu professor marcou o começo de uma aventura espiritual mais realizadora do que eu poderia ter imaginado na época. Em vez de buscar uma vida monástica, eu deveria morar em Nova York e encontrar minha base espiritual nas entranhas do capitalismo, em Wall Street. Ali eu iria aprender que aquilo que achava comum — o suposto mundo convencional — era, na verdade, sagrado; e o que considerava profundo — o "caminho espiritual" — era simplesmente minha própria fantasia ingênua. Teria de aprender minhas lições espirituais no trabalho, não num monastério.

Durante meus 22 anos de carreira em Wall Street, e depois na área editorial, compreendi pouco a pouco a sabedoria da instrução do meu professor. A labuta diária, os sucessos e os fracassos, o trabalho árduo e o estresse, tudo gradualmente foi se desdobrando em um profundo ensinamento. E o ponto fulcral desse ensinamento foi perceber que o caminho espiritual não é nada mais do que viver nossa própria vida, de forma plena e confiante, no momento imediato — e que nada pode ser excluído, principalmente nossos empregos. Esfregar o chão, escrever um e-mail, governar um país e alimentar uma criança faminta são, todos, passos nobres que damos em nosso caminho para nos tornarmos *quem somos, onde estamos,* de forma completa. O trabalho se torna uma jornada espiritual quando nosso destino não é mais apenas tornar-se mais bem-sucedido, mais rico, receber um salário, uma promoção ou ter segurança no emprego, mas quando também trabalhamos para resolver uma questão fundamental: podemos nos sentir à vontade com nossas vidas? Podemos ser abertos e honestos e estar à vontade sob todas as circunstâncias em todos os momentos?

Estar à vontade consigo mesmo no trabalho pode ser um desafio de fato, porque, por mais que tentemos, não conseguimos controlar o trabalho. É algo caótico, inconstante e confuso. Podemos estar apaixonados pela idéia de nos tornarmos médicos extraordinários ou professores dedicados. Ou podemos nos esforçar para sermos advogados eficazes ou bailarinos de destaque. Mas, de alguma forma, as complicações sempre parecem atrapalhar: os perigos da negligência profissional, alunos rebeldes, provas difíceis para a Ordem dos Advogados, dores nos ligamentos. O trabalho nunca é exatamente o que esperamos, e obter êxito em nossos empregos nunca é tão simples quanto desejamos.

As complicações no trabalho podem ser aflitivas, às vezes até alarmantes. A vida profissional se desdobra em meio a incontáveis incertezas e transtornos que deixam muitos de nós desapontados, estressados e até mesmo pressionados. A cultura corporativa do mundo de hoje nos faz acreditar que tais complicações são meros obstáculos para alcançarmos o que *realmente* importa: salário, promoção, lucratividade. O mundo dos negócios requer, de fato, e exige isso de forma feroz, que o caminho até o sucesso seja o mais tranqüilo possível.

Mas esse nunca é o caso. O sucesso é, amiúde, ilusório, e o trabalho, *por sua própria natureza*, é indisciplinado e, às vezes, injusto — e bem no fundo sabemos disso. Sabemos que os problemas na carreira e os conflitos são inevitáveis, que personalidades teimosas e decisões inadequadas são elementos normais. No entanto, estranhamente, continuamos tratando tais dificuldades como desvios importunos e intromissões indesejáveis.

Se quisermos que o trabalho seja mais que apenas uma irritante imposição em nossas vidas, se estivermos intrigados com a possibilidade de sermos tanto bem-sucedidos *quanto* espiritualmente envolvidos no trabalho, precisaremos parar e examinar nossa atitude básica em relação aos nossos empregos. Talvez não estejamos percebendo algo. Talvez os problemas surjam no trabalho não como interrupções ou intromissões, mas como um convite para adquirir sabedoria de verdade. Talvez, em algum sentido, as "complicações" do trabalho sejam exatamente o que estamos buscando.

À primeira vista, tal sugestão pode parecer estranha. No entanto, se examinarmos o trabalho bem de perto, notaremos que o que quer que dê errado com nossos empregos exige que diminuamos o ritmo e prestemos atenção. As dificuldades vão para a linha de frente, por assim dizer, e nos olham diretamente nos olhos. Mas, com bastante freqüência, em vez de reagirmos com a habilidosa atenção que a situação requer, ficamos parados e resistimos.

Às vezes, resistimos de maneiras sutis. Podemos evitar um colega difícil ou fazer um comentário áspero a meia voz: "Aí vem aquele estúpido do Frank novamente." Nossa resistência pode se tornar algo que a tudo consome: uma ação judicial vira uma batalha perpétua, ou um comentário precipitado se transforma em rancor eterno. Ao recuarmos de quaisquer dos problemas do trabalho, inevitavelmente nos encontramos em território hostil — com freqüência, nos sentindo solitários, aprisionados, confusos, até mesmo num embate com nossos empregos, protegendo-nos do trabalho em vez de atingirmos seus objetivos.

A realidade com que nos deparamos é a seguinte: resistir às dificuldades do trabalho e esperar por momentos de tranqüilidade não faz sentido. O trabalho, tudo na verdade, é freqüentemente decepcionante e incerto, e é tolice esperar o contrário. Ser hostil em relação a qualquer dificuldade apenas aumenta nosso desconforto, e acabamos em guerra com nós mesmos, discutindo com a vida em lugar de vivê-la.

Hoje ainda trabalho no mundo corporativo, e também ensino meditação budista e conduzo seminários sobre o trabalho como prática espiritual. Freqüentemente, inicio meus seminários pedindo aos participantes que listem três adjetivos que melhor descrevam o trabalho para eles. Inevitavelmente, as respostas são as mesmas: "estressante", "desanimador", "difícil", "angustiante", "frustrante". De vez em quando, alguns adjetivos positivos são lançados, tais como: "desafiador", "estimulante" ou "criativo". Mas, em geral, o trabalho é vivido com um fardo, uma ameaça, uma inconveniência — um lugar onde somos mantidos prisioneiros pela vida, e não livres para aproveitá-la.

Felizmente, podemos deixar de nos sentir aprisionados pelo trabalho. Podemos deixar de sonhar com momentos de tranqüilidade e de vivenciar o trabalho como território hostil. É possível, em vez disso, descobrir uma profunda sensação de liberdade e realização em nossos empregos. Mas, para fazer isso, precisaremos operar uma simples e intensa mudança no modo como nos ocupamos do trabalho: *em vez de resistir, precisaremos diminuir o ritmo e abrir a mente.*

Em vez de rejeitar as dificuldades do trabalho como interrupções importunas, podemos aceitar o trabalho, com todas as suas complicações, como um convite para despertar e viver nossas vidas de forma honesta e plena. Desse ponto de vista, os problemas que surgem em nossos empregos não são redutores de velocidade inconvenientes ou batalhas desmoralizantes, mas valiosas experiências dignas de nossa sábia atenção. Podemos aprender a acolher com alegria o que quer que tenhamos de encarar — seja decepcionante, divertido, confuso ou rotineiro — de forma confiante e completa.

Se tirarmos um momento para reduzir o ritmo e nos abrirmos para as circunstâncias do trabalho, descobriremos que este está continuamente nos convidando a ajudar, não a se esconder; a ouvir abertamente, não a se fechar; a se relacionar, não a se isolar; a aperfeiçoar a habilidade, não a colocá-la em dúvida. Mas em nossa impaciência para obtermos êxito e sermos melhores, mais rápidos e mais lucrativos, ignoramos o fato de que o trabalho, com todos os seus problemas e suas pressões, está nos estimulando a sermos comprometidos, engenhosos e a estarmos vivos — aqui e agora. E talvez fosse isso o que queremos o tempo todo: simplesmente estar *despertos no trabalho*.

Ocuparmo-nos de nossos empregos de forma inteligente e sem resistência não requer que façamos uma nova definição de toda a nossa idéia quanto ao meio de ganhar a vida. Podemos nos ocupar de nossos empregos de forma sensata e aberta sem abrir mão do sucesso ou negligenciar sentimentos ou ambições. O que é necessário é surpreendentemente comum: apenas ser *quem somos, onde estamos,* mudar sutilmente de *chegar em algum lugar depressa* para *estar em algum lugar de forma completa*. Ao adotarmos essa abordagem, descobrimos não apenas uma visão mais ampla sobre o trabalho, mas também uma verdade básica sobre o fato de ser humano: ao sermos nós mesmos, de forma genuína e no presente momento, tornamo-nos naturalmente alertas, abertos e extraordinariamente habilidosos.

Quando estamos dispostos a passar de *chegar em algum lugar depressa* a *estar em algum lugar de forma completa*, descobrimos que não estamos apenas ganhando a vida, mas vivendo nossas vidas no emprego, bem aqui, neste exato momento, em toda a vívida e notável imediação do momento presente. Quando estamos no trabalho de forma plena, não nos esquecemos de viver nossas vidas. O que quer que surja não é rejeitado como sendo um incômodo ou um obstáculo, ou perseguido como um consolo ou alívio, em nosso caminho para outro lugar. O que quer que surja, *é a nossa vida*, e a apreciamos ativamente e a respeitamos por ser assim.

Estar desperto no trabalho é reconhecer, talvez de modo breve a princípio, que o trabalho somente nos oferece o momento presente, que é passageiro, mutável e, muitas vezes, surpreendente. O trabalho, com todas as suas pressões, seus êxitos e sua confusão, se desdobra segundo as próprias condições, não as nossas, e podemos estar despertos quando ele se desdobrar ou podemos resistir — uma escolha que pode ser feita e faremos um momento após o outro, pelo resto da vida.

Ricos ou pobres, cristãos ou sufis, presidentes de uma empresa ou cabeleireiros: todos podemos aceitar o convite do trabalho para despertar. Podemos aprender a envolver todos os aspectos da vida como uma prática espiritual e então viver de forma confiante, sem medo ou ansiedade. Mas, para que nossas vidas e nossos empregos sejam tal caminho espiritual, e não uma fortaleza, uma prisão ou um período de férias, devemos estar dispostos a iniciar deliberadamente uma viagem. Este livro é um convite para embarcar em tal viagem. Em muitos aspectos, estas páginas transmitem o convite do meu professor para "arrumar um emprego" — a gentilmente deitar por terra nossa resistência e explorar quem somos no trabalho. Somos convidados a trazer qualquer bagagem de que gostemos: técnicas de gestão, preferências religiosas, ambições de carreira, credenciais e qualificações. Talvez alguns de nós viajemos com pouco, enquanto outros tragam um trailer. Ao longo do caminho, podemos descartar alguns desses itens, ou descobrir que alguns deles são mais úteis do que havíamos imaginado. Aprenderemos essas lições enquanto prosseguimos.

Além de ser um convite, este livro também servirá como um guia. Muitos outros já fizeram essa viagem e se familiarizaram com o terreno; sua sabedoria está disponível e é útil. Então, este livro passa adiante algumas dicas e sugestões. Como em qualquer guia, existem alertas de perigos na estrada, sugestões sobre onde e como nos revigorarmos, indicadores sobre como lidar com as surpresas e um lembrete ocasional para se encontrar as vistas mais belas. Mas o mais importante é que este livro nos instrui sobre os rigores de percorrer o caminho.

Para que possamos viajar com inspiração e prazer, precisaremos trabalhar com a mente. Com isso quero dizer fazer um gesto gentil, firme e absolutamente poderoso em relação a nós mesmos, não apenas uma vez, mas durante toda a viagem; um gesto que cultive o equilíbrio mental e o bem-estar em cada etapa do caminho. Esse gesto é a *consciência*, fundamental para a nossa capacidade de estar desperto no trabalho. A consciência, no budismo e em muitas outras tradições espirituais, é, essencialmente, aprender a estar inteiramente alerta e disponível no presente momento. Servindo uma xícara de chá, trocando uma lâmpada ou uma fralda, ou segurando a mão de um amigo moribundo, vislumbramos através da nossa consciência que a vida está acontecendo *agora*, e não pode ser ignorada. Ao estarmos conscientes, encaramos a nova imediação da nossa experiência e descobrimos que ser humano é algo profundo, que vai além de nossas esperanças, nossos medos e nossos preconceitos. Essa consciência será o veículo para percorrer o caminho; nos mostrará como avançar e confiar em nós mesmos passo a passo, um momento após o outro.

Então, embarquemos em nossa viagem. O trabalho agora se torna nossa fronteira, e viramos pioneiros do desconhecido. Pouco a pouco, deixaremos de lutar com nossos empregos e começaremos a explorá-los como um território desconhecido. Podemos aprender a reconhecer que qualquer coisa pode acontecer e realmente acontece no trabalho — o que pode ser tanto chocante quanto agradável. Quando o telefone tocar, poderemos notar a mente renovada que traremos a um convite tão simples e imediato. Quando o nosso chefe estiver irritado e autoritário, a vida será desconfortável. Mas também podemos notar que estamos vivamente alertas e inteligentes em tais momentos — se estivermos *conscientes*. E, apenas aparecendo no trabalho, também podemos notar que já começamos nossa jornada espiritual e que o convite do trabalho para despertar está nos defrontando.

Como cultivar a consciência no trabalho

Aprender a estar desperto no trabalho é algo direto e muito prático. Não é o que se desejaria que fosse realidade; não basta esperar que despertemos e deixar o resto ao acaso, com a vaga idéia de atingir um estado de felicidade no trabalho. Nem é uma nova "tecnologia da mente" que infligimos com entusiasmo a nós mesmos e aos nossos colegas. Despertar no emprego é aprender a abandonar nossa resistência e a ser inteligente e energeticamente alerta no trabalho. Esse processo é muito pessoal e exigente. Significa aprender a viver a vida de forma nobre e sem medo, descendo à Terra e entrando em contato direto com nossa experiência. Isso requer esforço e disciplina.

Pode-se pensar na disciplina como uma mentalidade de acampamento militar ou como um tipo de punição. Talvez "disciplina" traga à mente imagens como negar a si mesmo sua comida favorita, correr longas distâncias ou saudar seus superiores e fazer sua obrigação. No entanto, neste caso, disciplina não é punição, negação ou obrigação. Em vez disso, ter a disciplina necessária para estar alerta é aprender a sermos completamente honestos com nós mesmos e a superarmos qualquer fingimento ou engano acerca das circunstâncias do trabalho.

Essa honestidade exige que entendamos nossos empregos com uma inteligência aguçada e sensata, que não seja nem crédula nem teimosa. Ser disciplinado no trabalho exige que deixemos de pregar peças em nós mesmos — deixemos de tentar defender nossos empregos, nosso prestígio, nosso caminho para o sucesso — e nos comprometamos a estar atentos à nossa experiência real e a ser honestos a seu respeito. Essa disposição prepara o terreno para o envolvimento no trabalho de forma habilidosa em seu desdobrar, sem que tentemos proteger nosso bem-estar ou reunir falsas garantias. Essa disciplina honesta é a essência da consciência, e não aparece simplesmente, mas deve ser cultivada ao longo do tempo.

O budismo tem uma rica tradição de práticas de consciência desenvolvidas e transmitidas de professor para aluno por vários séculos. A prática mais comum ensinada na maioria das escolas budistas e em algumas tradições não-budistas é chamada de meditação com presença consciente ou meditação sentada. Na meditação sentada aprendemos a ficar parados, vivenciando diretamente nossas mentes e nossos corações, bem como o momento presente. Exploramos muito precisa e gentilmente quem e o que somos, percebendo de maneira gradual nossos auto-enganos, conscientizando-nos de nossa experiência e vislumbrando uma vigília fundamental, que na verdade está sempre disponível. Com a meditação sentada, começamos a nos relacionar diretamente com o poder simples e a flexibilidade de sermos nós mesmos, neste exato momento.

O ato de sentar-se parece simples: nos sentamos eretos, seja numa cadeira ou numa almofada no chão, e permanecemos atentos ao momento presente. Os olhos estão abertos, as mãos estão posicionadas sobre as coxas e nosso olhar é suave e ligeiramente descendente. Respiramos normalmente e ficamos sentados e imóveis. Em essência, isso é tudo o que fazemos. Apenas sentamo-nos. Parece simples, mas muita coisa acontece.

Quando nos sentarmos imóveis, inevitavelmente perceberemos a vividez do momento, mesmo que seja por um breve segundo. Talvez possamos perceber o som de um ventilador ou os veios de madeira no chão. Talvez detectemos o débil eco do tráfego ao longe ou sintamos a umidade fria da chuva que cai no telhado. Quando nos sentamos, vislumbramos o simples e nítido *agora* das visões, dos sons e das sensações físicas.

Também podemos perceber que estamos pensando. Podemos nos lembrar de um programa de televisão que achamos interessante ou ensaiar uma conversa difícil que esperamos ter com uma pessoa amada. Nossos pensamentos podem ser impacientes e excêntricos, sinuosos e monótonos ou coloridos e envolventes. Essa brilhante e mutante qualidade da mente não é um problema; é com ela que trabalhamos.

Ao nos sentarmos, prestamos atenção em nossos pensamentos e nossas sensações por meio do cultivo de uma consciência precisa, embora suave, da respiração. Quando notamos que estamos pensando, fazemos uma ligeira mudança. Registramos nosso pensamento e gentilmente trazemos a atenção de volta para a respiração. Na meditação sentada, aprendemos a "guiar" de leve a respiração, a fim de estabilizarmos a atenção no momento presente. Ao nos sentarmos desse modo, sentimos o ritmo de nossas mentes e apreendemos emoções e pensamentos de todos os tipos. Em vez de nos perdermos em pensamentos e emoções, aprendemos a tocar nossos sentimentos e *deixar fluir*, trazendo nossa atenção de volta às nossas vidas no momento imediato.

É possível que você já tenha uma prática de consciência de algum tipo. Se for a meditação sentada, é provável que você fique à vontade com muitos dos temas discutidos neste livro. Se não estiver familiarizado com a consciência e a meditação, não tem problema, porque agora você terá a chance de refletir sobre o cultivo da consciência na sua vida e, principalmente, no trabalho.

Se deseja relacionar-se com o trabalho de modo mais aberto, sensato e alegre, acredito que iniciar a prática regular de meditação sentada será de grande valia. Muitas pessoas antes de nós praticaram a meditação sentada e descobriram uma sabedoria natural que transformou suas vidas, e essas possibilidades também estão abertas para nós. Para aqueles que se sentem inspirados a começar na meditação, oferecemos instruções mais extensas para a iniciação no Apêndice "Instruções para meditação com presença consciente". Mas, quer você pratique ou não a meditação sentada, o material oferecido neste livro o ajudará a comprometer-se com seu emprego com coragem e honestidade. Tornarmo-nos conscientes em nossos empregos nos ensinará a confiar em nossos talentos naturais e a redescobrir uma sensação de bem-estar no trabalho.

É claro que estar consciente não fará de nossos empregos menos desorganizados. Os clientes chatos, os vírus de computador e os colegas extremamente competitivos não desaparecem de repente só porque estamos conscientes e alertas ao momento imediato. O mesmo acontece com a resistência às dificuldades do trabalho. Ainda podemos nos aborrecer com "o estúpido do Frank", que criticou nossa apresentação de vendas, nos incomodarmos com a perspectiva de perder o emprego ou nos ressentirmos com nosso chefe. Estar consciente no momento imediato nunca eliminará os problemas reais e infinitos ou toda a resistência a eles.

Mas a consciência realmente nos torna cada vez mais curiosos a respeito da nossa situação difícil. Quanto mais prestamos atenção ao trabalho no momento imediato, mais nossa consciência começa a desenvolver um sentido aguçado de curiosidade. Ocupamo-nos de nossos empregos, mas agora estamos mais atentos à maneira como o trabalho se desorganiza e como resistimos a isso. O aborrecimento com o cliente ou as hesitações em sermos sinceros com nosso chefe não mais representam uma sugestão irritante, mas se tornam nitidamente evidentes e interessantes para nós. É como se estivéssemos assombrados com nossa elevada consciência. Estamos continuamente percebendo mais, fazendo pausas no ritmo agitado, abrindo-nos à crueza das nossas experiências diárias de trabalho e nos tornando cada vez mais honestos com nós mesmos.

Assim sendo, o desenvolvimento da consciência é realmente nossa tarefa primordial no trabalho. Mas não porque preferimos nos desenvolver espiritualmente em vez de terminar o serviço. Estar consciente no trabalho não transforma nossos empregos em um retiro no Himalaia ou em uma almofada para meditação. Na verdade, a consciência torna-se importante porque finalmente queremos fazer nossas tarefas de modo adequado em vez de nos protegermos dos aborrecimentos do trabalho. Estamos conscientes no trabalho — na verdade, em toda a nossa vida — porque, de uma vez por todas, queremos viver bem a vida, sem ansiedade ou ressentimento.

Neste livro, cultivaremos a consciência no trabalho fazendo uso de um conjunto de 35 princípios destinados a nos ajudar na redescoberta da sabedoria, da abertura e do equilíbrio naturais, por meio do comprometimento com as exigências diárias do trabalho. Os princípios que ofereço são inspirados em um clássico texto budista tibetano chamado *Treinamento da Mente em Sete Etapas* e sua prática espiritual transformadora chamada *lojong*. Esse texto é do mestre budista do século XI, Atisha Dimpamkara Shrijnana, e, em sua essência, busca diminuir nossa resistência à vida, aliviar nossa auto-ilusão e revelar o estado desperto como uma experiência comum. Os ensinamentos orais de Atisha foram organizados em 59 aforismos concisos, instruções taquigráficas para cultivar a compaixão e o despertar sob quaisquer circunstâncias. Por mais de mil anos os budistas tibetanos têm trabalhado com esses princípios como uma prática espiritual diária, e muitos dos grandes mestres espirituais tibetanos fizeram comentários sobre o texto, expandindo e refinando a prática.

Os aforismos do *lojong* oferecem instruções extremamente práticas e diretas. Entre elas estão "Seja grato a todos", para nos lembrar de que aqueles que encontramos em nossas vidas são uma grande dádiva, não uma almofada de alfinetes para nosso ressentimento ou nossa arrogância. Dois outros aforismos perspicazes são "Não espere de tocaia" e "Não aja de forma deturpada". Estes princípios nos aconselham a estarmos alertas à nossa própria hipocrisia e a sermos honestos e decentes em nosso trato com os outros. E um dos meus favoritos é "Medite sempre sobre o que provoca ressentimento", o que nos lembra de estarmos particularmente atentos ao que nos incomoda e a explorarmos cuidadosamente o que nos faz sentir ameaçados ou desorientados.

Os praticantes de *lojong*, normalmente, memorizam todos os 59 aforismos ou os copiam na madeira, no papel ou na pedra, colocando-os em vários lugares onde possam atrair a atenção. Desse modo, eles são recordados ao longo do dia, oferecendo orientação. Ao se manterem alertas aos princípios, os praticantes do *lojong* permitem que os acontecimentos diários evoquem a sabedoria natural dos mesmos, revelando experiências costumeiras como oportunidades extraordinárias para o despertar.

Tendo aplicado esses tradicionais ensinamentos budistas tibetanos no trabalho, ao longo da minha carreira corporativa de 22 anos, fiquei inspirado a desenvolver um conjunto excepcional de princípios adaptados para o ambiente corporativo de hoje. Tal como o *lojong* original, a prática do princípio que ofereço neste livro fornece um caminho para nos comprometermos com o trabalho de forma honesta e equilibrada, aprendendo pouco a pouco a confiar em nossa sabedoria e em nosso bem-estar inatos no desempenho de nossas funções.

Os 35 princípios que apresento e discuto são lembretes concisos e, às vezes, provocativos para nos ajudar a despertar no trabalho. Encorajo você a trabalhar com esses princípios como um exercício de reflexão. Leia e reflita sobre eles no seu próprio ritmo. Envolva-se com os temas e as idéias que eles apresentam, comparando-os com a sua própria experiência. Enquanto estiver no trabalho, talvez você se veja logo lembrando, espontaneamente, de um princípio que oferece um insight sobre a situação imediata.

Vejamos um exemplo. Podemos examinar o princípio "Acolha o tirano". Em essência, ele salienta que os colegas de trabalho podem, às vezes, irritar ou ameaçar — e até mesmo insultar. Normalmente, em tais circunstâncias, nos pegamos sofrendo com ressentimentos, pensando sobre os insultos e as pressões. O princípios salienta que, ao ficarmos remoendo isso, na verdade criamos nosso próprio tirano; somos autores de nossa própria situação difícil. Ele sugere que, em vez de lutarmos com nossos tiranos, talvez devêssemos acolhê-los e, ao fazê-lo, aprender lições vitais sobre nós mesmos e sobre como executar tarefas de modo adequado.

Agora, digamos que lemos esse princípio em casa ou no caminho para o trabalho. Refletimos sobre seu significado no trabalho para ver como nossa experiência se encaixa com ele. Talvez nos lembremos de um conflito amargo que estamos tendo com um colega ou de como soltamos fumaça por causa de uma injustiça no trabalho. Talvez achemos que o princípio possa ter um pouco de verdade, mas não é realmente tão relevante assim. Ou talvez digamos para nós mesmos: "É exatamente o que acontece comigo no trabalho! Estou criando meus próprios tiranos." Refletimos sobre nossas vidas no trabalho, pensamos sobre "acolher o tirano", consideramos nossa experiência, depois seguimos adiante, lendo o jornal ou tomando uma xícara de café.

Em algum momento, porém, nos veremos no trabalho mais uma vez enfrentando algum tipo de desorganização, talvez um cliente irado, e nos lembramos de "Acolha o tirano". A expressão pode vir de forma inesperada à mente, ou talvez uma sensação física nos faça lembrar dela; em qualquer um dos casos, ela se mistura com a nossa experiência. Informa e aguça a curiosidade, e começamos a experimentar, embora, a princípio, apenas de forma breve. Pode ser que, em vez de mordermos a língua e contermos a raiva enquanto o cliente reclama, fiquemos um pouquinho curiosos, pensando: "Ei, este sujeito está realmente chateado. Por que será? Talvez haja outras coisas além do atraso de sete dias do nosso cheque." Ou pode acontecer de, ao notarmos que estamos preocupados, nos lembrarmos de "Acolha o tirano", e, de repente, todo o drama perder sua importância, livrando-nos da armadilha por apenas um momento. Dessa forma, a prática do princípio torna-se a contemplação em ação, e nosso trabalho realmente se transforma em nosso caminho espiritual.

Deveria estar claro agora que os princípios não se destinam a serem lidos como simples instruções ou conselhos sobre como fazer algo. Em vez disso, tomam vida em nossa experiência diária, tornando-se parte da atmosfera e não um manual na gaveta da mesa. Destinam-se a instigar a mudança, a fortalecer a consciência e a nos encorajar a questionar as suposições comuns que nos fazem resistir ao trabalho e perder nosso sentido natural de autocontrole e bem-estar. Como resultado, podemos, às vezes, considerá-los repetitivos, adotando ângulos diferentes, porém valiosos, sobre a mesma questão. Outras vezes, eles podem parecer provocativos ou especialmente perspicazes. Eles não são um livro de regras ou um manual sobre o que é o "bom" comportamento para o despertar no trabalho — isso não é um exercício de moralidade. Em vez disso, os princípios são muito práticos. Devem ser utilizados como sais aromáticos que aplicamos a fim de verdadeiramente despertarmos no trabalho.

Reflexão sobre os princípios para o despertar no trabalho

A prática do princípio para o despertar no trabalho não é algo isolado, que fazemos uma vez e, então, damos por encerrado. Em vez disso, é um caminho gradual, um processo contínuo de aprendizado sobre como se comprometer habilmente com o trabalho no presente momento. A prática é organizada em quatro seções: "Os quatro princípios básicos", "Desenvolvendo uma atitude de serenidade", "Trabalhando com os outros" e "Agindo de forma precisa". Recomendo utilizar o livro e a prática do princípio da seguinte forma:

1. Examine primeiro os quatro princípios básicos. Quatro lembretes fundamentais formam a base da prática. São eles: "Equilibre os dois esforços", "Seja autêntico", "Cultive o *li*" e "O trabalho é uma confusão". Recomendo que você leia e reflita sobre esses quatro princípios antes de considerar os outros 31.

2. Escolha os princípios aleatoriamente. Uma vez que tenha se familiarizado com os quatro básicos, sugiro que faça uma escolha aleatória de outros princípios para estudar. Não precisa ler todos na ordem, um após o outro. Dê uma olhada rápida no Sumário e escolha um que pareça estar falando com você, ou simplesmente abra o livro de forma aleatória e comece a ler o que encontrar. Após terminar um deles, coloque o livro de lado por um breve momento e reflita sobre o que leu.

3. Observe como os princípios surgem espontaneamente no trabalho. No decorrer da sua função, os acontecimentos muito provavelmente farão com que você se lembre de um deles. Quando isso ocorrer, esteja atento; permita que sua curiosidade natural se envolva com a situação enquanto ela se desenrola. Preste atenção a quaisquer sensações físicas, deixando que elas guiem o seu pensamento; observe como as emoções e os pensamentos surgem e se dissipam; esteja consciente de como você e seus colegas estão se comportando. Faça experiências com a nova perspectiva que o princípio provoca. Ele criou uma mudança de atitude? Qual é a sensação de ver o trabalho por um novo ângulo?

Você tem se comportado de forma diferente por causa do princípios? Como e qual foi o resultado? É altamente recomendável permitir que os princípios se confundam dessa forma com o seu trabalho no seu transcorrer.

4. Reflita deliberadamente sobre os princípios. Você também pode tentar estudá-los de forma mais atenta e sistemática:

- Toda manhã, escolha um princípio para o dia. Leia-o antes de começar a trabalhar e busque maneiras de aplicá-lo no trabalho.
- Mantenha um diário de suas experiências e reflexões sobre eles.
- Escreva um princípio na sua agenda ou onde ele atraia sua atenção ao longo do dia.
- Trabalhe com os princípios como uma prática espiritual estruturada, utilizando as instruções oferecidas no apêndice "Instruções para reflexão sobre os princípios".
- Conclua as sessões de meditação sentada lendo e refletindo sobre um princípio escolhido.
- Copie-os em fichas e coloque discretamente uma delas sobre a mesa, ao lado do computador ou perto do telefone, como uma maneira de ter acesso contínuo à sua orientação.
- Memorize todos os 35 princípios de modo que você possa lembrar-se deles mais facilmente quando quiser.

Por fim, é importante lembrar que a prática do princípio está apenas instigando nossa inteligência natural. Não está propondo uma nova técnica de gestão, impondo um jeito de fazer ou anunciando um "método de oito passos". Está nos cutucando, nos convidando, nos desafiando a acolher e respeitar nossos empregos de forma plena — ser *quem somos, onde estamos,* de forma imediata.

PARTE UM

OS QUATRO PRINCÍPIOS BÁSICOS

Os princípios desta seção formam a base para toda a prática. Em muitos aspectos, o caminho para o despertar no trabalho pode ser resumido apenas nestes quatro princípios:

- Equilibre os dois esforços
- Seja autêntico
- Cultive o *li*
- O trabalho é uma confusão

Quando juntamos estes princípios ao trabalho diário, despertamos a coragem natural para nos empenharmos em nossos empregos no presente momento, sem medo ou arrogância. Aprendemos a confiar em nossos instintos para sermos gentis e justos, e reconhecemos que o nosso desejo de ser bem-sucedido no trabalho pode ser realizado apenas se estivermos dispostos, primeiramente, a estar em algum lugar de forma completa. Os quatro princípios básicos apontam para a realidade de que *quem somos e onde estamos neste exato momento* é algo indescritivelmente profundo e nobre. Esta verdade está entrelaçada em toda a prática do princípio.

1

Equilibre os dois esforços

MUITOS DE NÓS PODEMOS nos lembrar da primeira vez que andamos de bicicleta. Eu tinha cerca de quatro anos, e meu pai me levava para o beco atrás da nossa casa e me ensinava a pedalar, guiar e usar os freios. Como minha bicicleta tinha rodinhas, podia sentir uma certa confiança em meus esforços, fingindo ter equilíbrio e encontrando meu caminho. Um dia, meu pai retirou as rodinhas. Ele corria atrás de mim segurando o selim, mantendo-me equilibrado e me estimulando a prosseguir — soltando um pouco e segurando novamente quando eu tombava para a direita ou para a esquerda.

Numa manhã após o café, saímos para treinar mais uma vez. Começamos no fim do beco. Meu pai segurava o selim e me guiava enquanto ganhávamos velocidade. Nunca me esquecerei de ter dito para ele: "Puxa, estamos indo realmente rápido desta vez!" Ao não ouvir uma resposta, eu me virei na sua direção. Lá estava ele, no outro lado do beco, me observando com ar triunfante. Percebo hoje que não foi realmente meu pai que me soltou naquela manhã. Fui eu.

Eu tinha me soltado pela primeira vez. Tinha me soltado do meu medo de cair, da minha necessidade de rodinhas, até mesmo do meu desejo de andar de bicicleta. Soltei-me de minhas hesitações e confiei em mim mesmo para estar inteiro naquele momento. Pela primeira vez na vida tinha confiado totalmente em mim mesmo — meu senso natural de flexibilidade, prontidão e graça. Tinha descoberto o equilíbrio.

O simples ato de andar de bicicleta pela primeira vez permaneceu vívido na minha mente ao longo dos anos, uma vez que ilustra de forma perfeita como podemos aprender o equilíbrio no trabalho — ou até mesmo em nossas vidas. Nosso esforço para chegar a algum lugar, seja na carreira, na vida ou, simplesmente, andando de bicicleta, depende primeiro de *estar em algum lugar*, livrando-nos dos medos, dos desejos, dos hábitos e das rotinas, e confiando totalmente em nós mesmos no momento presente. Confiar que podemos andar de bicicleta sem rodinhas, que podemos construir uma carreira sem expectativa e medo, que podemos viver uma vida sem ressentimentos e queixas. Por sua vez, descobrimos o equilíbrio simplesmente ao estarmos presentes e em uma prontidão criativa, flexível e relaxada. Ao abandonarmos nossas hesitações e descobrirmos o equilíbrio, aprendemos uma das grandes lições da vida: para que possamos *chegar* a algum lugar, devemos *estar* em algum lugar primeiro.

O trabalho tem um modo peculiar de nos manter desequilibrados, concentrados no futuro e em aonde estamos indo, preocupados se chegaremos ao nosso destino com a carreira e o contracheque intactos. Estar desequilibrado dessa maneira — concentrados principalmente em chegar a algum lugar — pode fazer com que nos sintamos hesitantes, preocupados ou agitados. Podemos nos sentir alertas no trabalho, mas não tão livres e abertos quanto sentimos que poderíamos ser. Podemos ficar entusiasmados com o desafio, porém permanecemos cautelosos e desconfortáveis. A velha pergunta "O que o mantém acordado à noite?" é bem literal nos negócios. O novo sistema de contabilidade será lançado sem problemas neste fim de semana? A apresentação para o presidente da divisão será bem-sucedida amanhã? Receberei a promoção ou serei deixado para trás novamente? A *agitação* em obter sucesso, medir, responder às emergências e chegar rápido a algum lugar pode nos manter vivendo em constante expectativa, privando-nos de qualquer senso de bem-estar e entusiasmo, tornando o trabalho um fardo e nos distraindo da vida.

Ironicamente, concentrar-se demais no futuro talvez não nos ajude a atingir nossos objetivos tanto quanto pensamos. Quando nossos esforços se concentram apenas em chegar a algum lugar, parecemos atletas que fazem um enorme esforço para atingir resultados pífios. Se levantamos peso e fazemos flexões para ganhar força na parte superior do corpo, podemos nos tornar especialistas em levantamento de peso; podemos desenvolver a capacidade de levantar geladeiras e até puxar caminhões, mas não de lidar com desafios maiores. Se fôssemos solicitados a jogar uma rodada de tênis, disparar uma flecha de forma precisa ou executar um *grand jeté* no balé, estaríamos deploravelmente mal preparados. A graça e a flexibilidade essenciais nos faltariam.

Da mesma forma, o trabalho apresenta desafios que exigem aptidões diferentes do foco incansável de chegar a algum lugar rapidamente. Não podemos contar apenas com os músculos e a vontade ao encararmos os desafios do trabalho. O trabalho, com freqüência, exige sutileza e senso de oportunidade para se ver sob a superfície de uma situação, utilizar a imaginação criativa para solucionar um impasse ou construir uma ponte entre os colegas. Não temos acesso a essas habilidades seguindo adiante em disparada. Desenvolvemos essas habilidades aprendendo a nos soltar e a estar onde estamos de forma completa.

Esse "soltar-se" não busca satisfazer uma expectativa ou um padrão externo. Soltar-se não é algo particularmente extenuante como levantar peso ou fazer uma revisão cuidadosa de um balancete complexo. Em vez disso, exige que relaxemos e nos abramos para a situação presente, qualquer que seja ela, sem idéia fixa ou preconceito. Pede que confiemos em nós mesmos o suficiente para nos desapegarmos do que quer que seja conhecido e confortável e pularmos para dentro de nosso senso natural de equilíbrio. Ao nos soltarmos, adiamos os enredos e os hábitos mentais que tipicamente trazemos para o trabalho e simplesmente nos tornamos disponíveis para as circunstâncias — não importando o prazer ou a dificuldade que elas possam representar. Trazemos nossa pura curiosidade para o trabalho e permitimos que a situação se desenrole em seu próprio ritmo e em suas próprias condições. Soltar-se não tem nenhuma outra importância a não ser estar disponível de forma completa e inteligente para as circunstâncias imediatas, um gesto que exige flexibilidade, prontidão e graça.

"Soltar-se" pode parecer algum tipo de inconsciência glorificada. Somos pessoas muito ocupadas. Temos longas listas de "coisas a fazer", e se soltar não consta delas. Podemos nos soltar no nosso tempo livre ou no fim de semana. Podemos andar de bicicleta ou "parar para cheirar rosas" nas férias. Surpreendentemente, soltar-se no trabalho é muito mais do que apenas reservar tempo para sentir o cheiro das rosas. Em alguns casos, pode ser questão de vida ou morte.

A habilidade de um médico de estar plenamente alerta ao diagnosticar um problema de saúde com freqüência determina a diferença entre a vitalidade e o desastre. Observar um arranhão aparentemente sem importância ou uma dosagem incomum numa receita pode aguçar o interesse de um médico para examinar mais de perto e descobrir uma crise de saúde iminente. Os médicos são ensinados a abandonar seu treinamento tanto quanto confiar nele; estar disponível para as circunstâncias enquanto elas se desenrolam é algo típico da área médica. Existem outras profissões nas quais abandonar preconceitos e estar completamente presente às circunstâncias enquanto elas se revelam é absolutamente vital: controladores de tráfego aéreo, bombeiros, professores.

Na verdade, cultivar nossa habilidade de se soltar é essencial para qualquer tipo de trabalho que façamos, se quisermos trabalhar com nossa capacidade máxima. Todos nós temos a habilidade, por exemplo, de dizer ou fazer a coisa certa no momento ou apresentar idéias úteis a partir do nada. Embora essa habilidade venha naturalmente, ela também deve ser cultivada. Como tudo que é elegante e poderoso, nossa habilidade de nos soltarmos e *sermos* tem sua força inerente, mas também requer respeito, cuidado e nutrição.

No budismo, cultivamos a habilidade natural de "soltar-se" na meditação com presença consciente, ou meditação sentada. Sentar-se é tradicionalmente considerado um momento singular em que descobrimos o equilíbrio entre chegar a algum lugar e estar em algum lugar ao mesmo tempo, como andar de bicicleta. Na meditação sentada, tentamos chegar a algum lugar — desenvolver mentes tranqüilas e corações abertos — abandonando nossos constantes ensaios verbais e estando inteiros com a situação enquanto ela se desenrola. Aprendemos que podemos andar no momento presente sem as rodinhas dos enredos e preconceitos. Na meditação, abandonamos nossa tagarelice interna centenas de vezes — sem parar. Com o tempo, descobrimos um equilíbrio para o nosso empenho que é algo vivo, mas não é cansativo; simples, porém exigente. Da mesma forma que o treinamento diário de um atleta é essencial para o desempenho na quadra ou no campo, a meditação regular é o fundamento para equilibrar o esforço e estendê-lo ao emprego.

Ao começarmos a praticá-lo de forma regular, vemos que o ato de se soltar acontece de maneira bastante simples em nossa vida. Tudo o que precisamos fazer é observar. Podemos estar correndo para o trabalho de manhã, no metrô lotado ou no trânsito. Geralmente estaríamos preocupados pensando no decorrer do dia, em uma reunião com a equipe, em completar um relatório ou reunir-se com o gerente. E então, de repente, por nenhuma razão em particular, notamos a pessoa sentada à nossa frente no trem. Apenas por um momento nos detemos e notamos a gravata do vizinho e o cuidado que ele teve ao engomar a camisa. Notamos o ritmo daqueles à nossa volta — alguns olhando para o relógio, outros lendo o jornal, outros correndo para entrar e sair do trem na estação. Abandonamos nosso diálogo interno e nos vemos absorvendo todo o momento de forma plena e meticulosa, reconhecendo, por um breve e renovador momento, que o nosso mundo é incrivelmente maior do que nossas preocupações.

Com o tempo começamos a fazer amizade com a simples habilidade de se soltar e estar em algum lugar de maneira completa. Descobrimos que se nos esforçarmos demais para nos soltarmos, ficamos distraídos com nosso empenho, pedalando rápido, fazendo esforço demasiado. Ou podemos descobrir que quando esquecemos de nos soltar, às vezes por dias a fio, acabamos confiando demais em nossas rodinhas emocionais, sentindo-nos ansiosos ou estressados. Aos poucos, ao nos sentarmos e estarmos em algum lugar de forma completa, descobrimos que estamos convidando nosso mundo a entrar em nossa vida, o que é um gesto basicamente sensato e respeitoso. Como ocorre com todos os convites, não podemos forçar os convidados a chegar; estamos apenas abrindo nossa vida, disponíveis para o que quer que surja no momento presente.

Quando nos soltamos e nos tornamos disponíveis ao nosso trabalho, podemos notar, até mesmo por um breve momento, que estamos fazendo um convite a uma perspectiva mais ampla e sábia. As irritações que podemos facilmente descartar — o relatório atrasado como se previa, a recepcionista mal-humorada, o cliente indiferente — tornam-se lembretes para prestarmos atenção. Os momentos de rotina, tais como assinar relatórios de despesas, representam um convite para darmos mais atenção aos detalhes. Pelo fato de estarmos disponíveis, o mundo profissional se torna nosso paciente, e estamos atentos e alertas aos sinais de saúde e sofrimento.

Ao nos soltarmos, não estamos acrescentando nada às listas de "coisas a fazer". Estamos simplesmente equilibrando o esforço de chegar a algum lugar com o de estar onde estamos de maneira completa, abrindo-nos para uma perspectiva de trabalho muito mais ampla. Ao fim, essa mudança torna-se bastante rotineira, permitindo que nos associemos de novo à nossa inteligência natural — uma espontaneidade e uma confiança imediata e extraordinária — quando e onde quisermos. Ao nos soltarmos repetidas vezes, reavivamos nossa sensação de bem-estar e tomamos consciência de uma abertura no trabalho que não precisa ser gerenciada ou organizada. Descobrimos, gradualmente, uma serenidade que esteve conosco por toda a vida, mas que, de alguma forma, passou despercebida.

"Equilibrar os dois esforços" nos faz lembrar que podemos nos dar ao luxo de deixar de lado nosso ponto de vista por um momento e escutar nosso mundo, não importando o quanto tal perspectiva possa parecer tediosa ou ameaçadora. A ambição para alcançar o sucesso, os horários apertados, a autoridade, a "precisão" — tudo isso pode, por um breve momento, simplesmente ser suspenso. Podemos trazer nossa atenção livre de empecilhos para as circunstâncias do trabalho, convidando nosso mundo a participar e reconhecendo a vastidão e a vivacidade à nossa volta. Ao fazermos esse gesto, aprendemos o equilíbrio — que podemos de fato chegar a algum lugar e estar em algum lugar ao mesmo tempo. Esse equilíbrio é o ponto culminante da graciosidade e da autenticidade. É a competência essencial de estar desperto no trabalho.

2

Seja autêntico

COMO DIZ A NOBRE lenda de 2.500 anos atrás, o jovem e aflito príncipe indiano Sidarta renunciou aos seus poderes reais e aos prazeres mundanos e saiu de casa. Cortou o cabelo, vestiu roupas de mendigo e buscou liberar-se do sofrimento da vida e alcançar a "iluminação". Ao longo dos anos, ele praticou muitas disciplinas e meditações iogues. Jejuou ao extremo — quase até a morte —, comendo uma semente de cânhamo por dia. Suportou uma enorme solidão e superou tentações de todos os tipos em suas tentativas de resolver o sofrimento da humanidade. No entanto, apesar de sua dedicação e de seus esforços incansáveis, ele permaneceu irrealizado e inquieto.

E assim, após oito anos de disciplina e trabalho árduo, Sidarta resolveu desistir. No entanto, não foi derrotado; em vez disso, decidira finalmente render-se a tudo, incluindo o seu desejo de fugir ao sofrimento e de atingir a iluminação. Ele, então, simplesmente sentou-se sob uma árvore e ficou parado. Prometeu ficar presente e deixar o mundo se desdobrar em suas próprias condições. Prometeu permanecer sentado no chão. Se ocorresse a iluminação, que assim fosse. Se ocorresse a morte, que assim fosse. O que quer que ocorresse, que assim fosse. Sidarta tomou seu lugar como o futuro Senhor Buda e repousou à sombra de uma grande árvore *bhodi*.

Por fim, ao assumir tal postura, ele confrontou-se com suas esperanças e seus medos mais profundos. O seu assíduo convidado chegou: Mara, o Senhor do Desejo, dessa vez acompanhado de suas três filhas sedutoras — Tanha, Raga e Arati — e um vasto exército de demônios. Mara estivera acompanhando o progresso de Sidarta em direção à iluminação, tentando-o, adulando-o e repudiando seus esforços. Mas agora ele podia ver que Sidarta estava se aproximando do seu objetivo, e Mara estava ansioso para desviar Sidarta de seu trabalho árduo. Inteligentes e sedutores, Mara e suas filhas tentaram persuadir Sidarta, dizendo que ele não estava preparado para a iluminação, mas sem sucesso. Sidarta permaneceu imóvel: preparado ou não, assim seria. Feroz e destruidor, o exército de demônios criou alucinações para enlouquecê-lo, mas não conseguiu. Sidarta permaneceu imóvel: alucinações ou não, assim seria. No final, Sidarta despachou todos os demônios de Mara e venceu todas as tentações com exceção de uma. À medida que a iluminação de Sidarta ficava óbvia, Mara fez sua última tentativa de oposição.

Sozinho, sem armadura ou hordas de exército, Mara fez uma simples pergunta a Buda: "Então, se você se tornar iluminado, quem vai dizer que sim? Quem dará fé de tal alegação? Traga-me uma testemunha para que possamos estar de acordo e então não o tentarei mais. Então, Sidarta, quem será sua testemunha?"

Em resposta, Sidarta fez um gesto de primordial significado — um gesto final e completo que subjugou Mara para sempre e selou o despertar do ex-príncipe como um Buda iluminado: ele tocou a terra. Ele não apresentou o decreto de um rei ou de uma rainha atestando sua realização. Não apontou para um monumento com o seu nome. Não chamou seus amigos iogues que podiam relatar seus grandes atos de compaixão e disciplina. Sidarta percebeu que circunstância alguma — nenhum deus, nenhum companheiro iogue, nenhuma canção de louvor, nenhum monumento, nenhum decreto —, *nada* poderia confirmar ou negar sua fundamental sensação de bem-estar. Ao tocar a terra, Sidarta finalmente tomou seu lugar como o Senhor Buda, o plenamente Desperto. Ao tocar a terra, ele proclamou que era autenticamente quem era — uma autenticidade tão fundamental, tão orgânica e tão profundamente além da possibilidade de confirmação ou negação que estava destinada a mudar a história. Esse gesto de autenticidade tem sido venerado há séculos em imagens representando o Mudra do Toque na Terra — o símbolo supremo do bem-estar.

Podemos pensar que o que Buda fez é apenas uma lenda antiga, um grande feito realizado por um ser extraordinário 2.500 anos atrás. A postura que Buda assumiu sob a árvore *bodhi* e sua expressão de autenticidade iluminada pode, para muitos de nós, parecer inatingível. Poderíamos tocar a terra, até mesmo rolar sobre ela mil vezes e, mesmo assim, não alcançar a iluminação. Alcançar a iluminação, o bem-estar incondicional, a total autenticidade, é certamente algo para budas, lamas e *roshis* zen, não para pessoas comuns como nós.

O budismo tem muitos nomes para essa autenticidade: *bodhichitta*, coração desperto, mente zen, *tathagatagarbha*, mente desperta, mente original, natureza *vajra*. Mas nossa autenticidade não é tão exótica quanto tais nomes parecem indicar. Nossa capacidade de vivenciar o despertar da mente não é algo tão distante quanto uma lenda de 2.500 anos. Na verdade, o Buda ensinou que nossa autenticidade é tão imediata — tão pessoal e íntima — que poderia ser vivenciada por todos os seres humanos simplesmente fazendo o que ele fez sob a árvore *bodhi*. O Buda salientou que, ao simplesmente ficarmos imóveis e percebermos o surgimento desse exato momento, nós descobriríamos nossa mente desperta, nossa autenticidade humana fundamental, imediatamente.

O relato do despertar de Sidarta para a sua autenticidade reflete nosso desafio de irmos além da ansiedade quanto às dificuldades do trabalho e redescobrirmos nosso senso natural de bem-estar e confiança. Não havia nada fora de si que o Buda pudesse apontar quando Mara pediu que ele provasse sua iluminação que trouxesse uma testemunha para atestar sua autenticidade. Da mesma forma, não há nada exterior a nós que possa oferecer o verdadeiro bem-estar no trabalho ou em nossa vida. Nem contracheque, nem fundo de aposentadoria, nem promoção, nem um chefe compreensivo — nenhuma circunstância pode nos dar a confiança e o bem-estar que estamos buscando. Tal como Mara tentou o Buda, nós também podemos ficar tentados a reunir tais confirmações para nos dar uma sensação de segurança. Podemos ter opções de ações ou um fundo de pensão do sindicato como segurança. Podemos ter credenciais, tal como um MBA da melhor universidade ou um título que impressione, tal como chefe de departamento ou vice-presidente executivo. Ou, talvez, usemos um uniforme imponente ou tenhamos nossos nomes escritos em placas ou em capas de livros. Podemos até ser o presidente de uma empresa, com todo o prestígio e todos os direitos que acompanham o cargo. Embora nenhum desses esforços seja equivocado, contar com eles para confirmar quem somos o é.

Numa análise final, eles não podem confirmar nem negar quem somos.

No budismo, reconhecer essa autenticidade, que não pode ser confirmada ou negada, é uma questão muito prática; não é a racionalização do desejo. Não é algo que podemos inventar ou produzir. Uma verdadeira sensação de bem-estar não é simplesmente uma noção de primeira ordem de que "deveríamos" ser autênticos. Se fosse o caso, o budismo seria, no final das contas, nada mais que reles e velho idealismo. Também não podemos adquirir um verdadeiro senso de autenticidade freqüentando aulas de etiqueta ou cursos sobre como ser um bom cidadão. Ser educado e civilizado é uma busca digna e decente, mas se o fato de ser autêntico fosse apenas isso, um simples conjunto de regras seria suficiente. No budismo, reconhecer nossa autenticidade é uma experiência muito prática, poderosa e imediata.

O *Oxford English Dictionary* define autenticidade como o que torna algo plena e genuinamente o que é. Algo é autêntico porque pode fazer uso da sua *autoridade original* para torná-lo inquestionavelmente o que é, não uma falsificação ou uma imitação. Se fôssemos comprar um Rembrandt ou um cavalo irlandês puro-sangue, por exemplo, seria prático e valeria a pena determinar se estamos comprando um produto autêntico. Poderíamos pedir que uma historiadora da arte examinasse o quadro ou verificasse as pinceladas para ver se poderia reconhecer a autoria original do quadro — que a pintura era de Rembrandt. Ou poderíamos visitar a fazenda do garanhão onde nosso cavalo campeão foi criado para examinar os registros de saúde e os documentos de *pedigree*, e levar em consideração a linhagem nobre do cavalo. Examinaríamos então a conformação do cavalo — a altura de sua cernelha, a espessura de seu tórax e de sua cilha. Poderíamos até olhar novamente os raios X a fim de examinar a capacidade pulmonar para saber sua resistência. Tentaríamos ver se podemos reconhecer a autoridade original do cavalo. Poderíamos de fato discernir em nosso cavalo o grande campeão de quem descendeu — um ganhador do Kentucky Derby.

Da mesma forma, o budismo considera a busca por nossa autenticidade humana uma questão prática e digna, na qual vivenciamos diretamente a autoridade original da qual surgimos. O caminho do budismo busca descobrir uma origem para determinar de antemão a autoridade original dentro de nós mesmos, que nos concede um bem-estar inabalável e nos dá a confiança de que somos exatamente quem somos, onde estamos, sem necessidade de confirmação exterior. Na tradição budista, o modo básico de verificarmos nosso *pedigree* e descobrirmos nossa autencidade é por meio da meditação sentada, que é exatamente o que o Buda fez na base da árvore *bhodi*.

A meditação de consciência originalmente ensinada pelo Buda aos seus monges e monjas é ilusoriamente simples. Em essência, ela exige que nos sentemos eretos, mantenhamos os olhos abertos e permaneçamos presentes com o momento que surge o maior tempo possível.

O problema é "o maior tempo possível". Invariavelmente nossa mente vagueia e nos pegamos pensando. Podemos nos lembrar do nosso desjejum, de como estava gostoso, dos morangos e do café. Ou podemos preparar um discurso irado que pretendemos fazer ao nosso chefe ingrato. Ou podemos ficar pensando em um(a) namorado(a), um(a) filho(a) ou em nosso pai e em quanto sentimos saudades e gostamos dessa pessoa. A meditação sentada revela muitas coisas, mas, primeiro, ela nos mostra que gastamos uma quantidade enorme de tempo conversando com nós mesmos e não estando imediatamente presentes. Descobrimos que vivemos a vida num tipo de ensaio atrás da cortina dos nossos pensamentos, ensaiando o que poderíamos ter feito de forma diferente e o que faremos de modo distinto no futuro. Na tradição budista, ser autêntico exige que abandonemos o ensaio e nos ocupemos da vida de forma direta, com todas as suas incertezas, delícias e confusões. Ser autêntico é parar de imitar quem gostaríamos de ser e tocar a terra da nossa autoridade original neste exato momento, de forma plena e completa, e reconhecer quem já somos.

Sentar-se por 15 minutos, uma hora, um dia, ou até um mês inteiro, alternando entre ensaios internos e simplesmente estar presente, é uma proposição extremamente tediosa. No entanto, surpreendentemente, é uma maneira muito útil de travar amizade conosco e descobrir nossa autenticidade. Como lixar um pedaço de cerejeira para prepará-la para o acabamento de verniz, a meditação sentada lenta e gradualmente refina nossa mente, eliminando as distrações e realçando nossa parcela única original — a beleza de nosso senso natural de bem-estar. A meditação sentada é um ato notavelmente suave em que nos permitimos simplesmente *ser*. A prática requer precisão, força e bravura pessoal. Mas esse exercício se resolve na suave percepção de que estamos simplesmente sentados — simplesmente sendo. Descobrimos que nosso corpo e nossa mente podem relaxar e sincronizar na intensidade viva dos nossos sentidos e do momento presente. Aprendemos a abandonar os ensaios — as ansiedades quanto ao fracasso e às possibilidades desconhecidas e as esperanças de sucesso e segurança — e por um momento "não saber" o que está para acontecer. Por um momento nos tornamos disponíveis ao mundo à nossa volta sem pré-concepções e preconceitos. Iluminamo-nos, diminuímos a pressa para consertar a situação e nos tornamos curiosos quanto ao mundo, em vez de nos sentirmos ameaçados por ele. Vislumbramos que simplesmente ser quem somos, onde estamos, é algo inevitável, genuíno e sereno; descobrimos nosso *pedigree*, nossa autenticidade. A descoberta da autenticidade pela prática da meditação sentada nos fornece a ferramenta essencial para o desenvolvimento da mesma atitude serena e genuína no trabalho.

Se examinarmos nossa experiência da meditação sentada de perto, descobriremos que estamos expressando algo que passou despercebido. Quando abandonamos nossos pensamentos e concentramos nossa atenção no momento imediato, se observarmos com atenção, veremos que *confiamos em nós mesmos completamente*. Abandonar-se na almofada, a princípio, é um pequeno passo, como uma criança aprendendo a nadar no mar. Abandonamos nossos ensaios brevemente e saltamos para o momento presente, apenas para hesitar e correr das frias e afuniladas ondas do mar de volta para o aparente conforto dos nossos pensamentos interiores. Com o tempo, podemos confiar mais em nós mesmos para irmos mais longe na vida, ficando mais tempo com o momento presente, desafiando os vagalhões de três metros e o mar encapelado. Ao fazermos isso, abandonando nossos pensamentos e ocupando-nos da vida diretamente em todo o seu estado natural e sua força, na verdade exibimos uma confiança em nós mesmos que não pode ser negada ou confirmada. Não há coletes salva-vidas. Não há garantias emocionais. Não há ninguém olhando por cima do nosso ombro nos parabenizando por meditarmos bem. Contamos unicamente com nossas próprias habilidades e nossos próprios recursos.

Com o tempo, essa confiança em nós mesmos se estende à vida fora da almofada, onde aprendemos a nadar além do quebra-mar e entramos no vasto oceano da vida cotidiana. Descobrimos que podemos confiar em nós mesmos de forma completa; podemos ser autênticos nas circunstâncias da vida, principalmente no trabalho. Descobrimos que nenhum deus das opções sobre ações, nenhuma canção de louvor vinda do nosso chefe, nenhum decreto de promoção, nenhum contracheque ou bônus, nenhum emprego ou projeto novo, nenhum montante de poder político — nada pode substituir nossa confiança básica em nossa autoridade original. Essa confiança é inabalável porque nada pode confirmá-la ou negá-la.

Ser autêntico no trabalho não é particularmente dramático. Não requer que entremos correndo no escritório do chefe e finalmente falemos o que pensamos, lançando nossa carreira ao vento. Nem requer que finalmente fujamos, abandonemos nosso emprego e nos tornemos o que sempre quisemos ser: tocador de banjo ou estofador. Em vez disso, ser autêntico é mais despretensioso, um repouso no nosso senso natural de bem-estar. Essa confiança permite que nos tornemos disponíveis ao mundo do trabalho, que despertemos o interesse por toda a proposição do trabalho. À medida que abandonamos nossos ensaios, e nosso corpo e nossa mente se sincronizam cada vez mais, tornamo-nos presentes e disponíveis ao trabalho, interessados em seus detalhes e suas práticas. Não estamos presos pelas rotinas do trabalho nem por nossos medos e preconceitos. Tornamo-nos livres para nos ocuparmos do mundo de forma destemida e habilidosa, aprendendo e explorando. Abandonar o território pessoal e contar com o nosso senso inato de autenticidade não é uma proposição particularmente dramática, mas é sutil, poderosa, exigente e libertadora, tudo ao mesmo tempo. "Ser autêntico" é uma proclamação fundamental de que *quem somos, onde estamos,* surge de uma autoridade original, autoridade esta que nos torna decentes, inteligentes e profundamente criativos.

3

Cultive o *li*

O TRABALHO NOS FAZ exigências conflitantes: seja um competidor feroz, mas coopere com os outros; tome decisões difíceis, mas demonstre consideração pelo próximo; construa um negócio altamente lucrativo, mas não corte despesas básicas; busque as gratificações, mas não seja ganancioso. Sob tais circunstâncias, encontrar uma "bússola moral" para guiar nosso comportamento — que nos ajude a ser decentes, justos e honrados — pode representar um desafio. Alguns podem considerá-lo nossa prioridade mais alta.

Muitas empresas publicam um código de normas éticas. Os programas de treinamento nos ensinam a respeitar os estilos de vida diversos de nossos colegas ou a nos comportarmos de maneira ética e lícita na condução dos negócios. Aprendemos regulamentos e políticas que pretendem promover um ambiente de trabalho justo, respeitoso e correto. Somos estimulados a falar abertamente se achamos que o código está sendo quebrado ou se nosso ambiente de trabalho fomenta um comportamento antiético ou humilhante. Tais esforços para promover a decência no trabalho são valiosos e necessários — embora surpreendentemente insuficientes.

Em janeiro de 2003, a revista *Time* escolheu Cynthia Cooper, ex-vice-presidente de auditoria interna da WorldCom; Coleen Rowley, agente especial do FBI; e Sherron Watkins, ex-vice-presidente de desenvolvimento corporativo da Enron como Personalidades do Ano. Elas foram reconhecidas como as pessoas que mais afetaram os acontecimentos mundiais em 2002 — não porque descobriram a cura do câncer ou negociaram o fim de uma guerra, mas, em vez disso, nas palavras do editor da revista *Time*: "Elas foram as pessoas que obtiveram sucesso simplesmente desempenhando suas funções de forma correta — o que quer dizer de forma ferina, com os olhos abertos e com a bravura que nós sempre desejamos ter."

As histórias dessas três mulheres, na verdade, não são tão notáveis assim. Ao depararem com dificuldades no trabalho, elas utilizaram o tempo para examinar os detalhes, ter a perspectiva correta, fazer escolhas difíceis e, então, se comportar de maneira decente e verdadeira. O que torna suas histórias extraordinárias é que muitas outras pessoas não fizeram o mesmo. Em vez de desempenharem "suas funções de forma correta, com os olhos abertos", centenas de contadores capacitados se envolveram em esquemas de contabilidade ilegais. Dezenas de oficiais responsáveis pelo cumprimento da lei retiveram informações importantes sobre atividades criminosas em potencial por medo de ofender os superiores. Os executivos das maiores empresas mundiais receberam centenas de milhões de dólares em bônus apesar do seu fracasso na condução dos negócios. Como é que tantas pessoas não "desempenharam suas funções de forma correta"? Como se explica o fato de essas três mulheres serem a exceção e não a regra?

Como essas mulheres, muitos de nós nos confrontamos com exemplos de comportamento egoísta, grosseiro, antiético e até mesmo ilícito no trabalho. Muitos de nós já testemunhamos menosprezo de regras de contabilidade, vista grossa para conflitos de interesse e pouco caso com comportamentos mal-educados em relação aos subordinados. Vimos produtos serem surrupiados, ações judiciais frívolas sendo aprovadas e a ganância sendo abertamente celebrada. O trabalho, com toda a criatividade de sua promessa e seu desafio, freqüentemente se torna algo corrupto e voltado para benefício próprio, e a mera existência dos livros de regras não consegue dar a orientação necessária para promover a honestidade e a justiça no trabalho. Os cursos de ética e os códigos de conduta parecem estar ignorando alguma coisa. O que está faltando é nossa habilidade de cultivar o *li*.

Na China antiga, por volta do ano 500 a.C., milhares de opressivos ritos sociais dominavam a vida das pessoas. Quando se curvar, que brocado usar, como se dirigir a um funcionário do governo, que cerimônia conduzir, até mesmo que ornamento colocar junto à lareira, e muitíssimo mais era ditado por um rígido código social chamado *li*. Ao longo dos séculos, muitos cidadãos chineses aprenderam a desempenhar esses rituais de forma mecânica, transformando costumes antigos em cerimônias sem valor e, freqüentemente, opressivas. Confúcio, o grande filósofo chinês daquela época, considerou o ritual estapafúrdio como algo profundamente danoso à sociedade chinesa. Segundo Confúcio, a princípio, os ancestrais chineses tinham imaginado os rituais como uma maneira de inspirar as pessoas a serem responsáveis umas pelas outras e a respeitarem o mundo. Mas, com a perda de tal propósito, muitos se viram comportando-se como marionetes, seguindo regras vazias, em vez de viverem como cidadãos dignos de uma grande cultura. Na visão de Confúcio, o propósito original do *li* se perdeu, tendo efeitos desastrosos.

Alguns historiadores acreditam que o termo *li* foi usado pela primeira vez por artistas da China antiga que extraíam e lapidavam o jade, uma pedra preciosa estimada até os dias de hoje em toda a China. Uma das dificuldades que persiste para esculpir figuras e desenhos decorativos na pedra é sua tendência de rachar ao longo dos contornos naturais. Alguns historiadores especulam que essas linhas ao longo das quais a pedra se rachava de forma natural e graciosa eram outrora chamadas de o *li* da pedra. O grande desafio do escultor estava em incorporar a tendência de se quebrar ao longo de linhas elegantes em uma obra de arte, produzindo assim uma peça de rara beleza que contava de forma inerente com o *li* da pedra. Essa habilidade do escultor em dar à luz essa beleza natural do jade evoluiu ao longo de muitos séculos tornando-se uma coleção de técnicas para serrar, cortar, limar e polir o jade. Essas técnicas foram passadas de professor para aluno ao longo dos anos como uma sabedoria também chamada de *li*. Por fim, o *li* veio a significar qualquer ritual social cujo propósito fosse revelar a decência e a bondade naturais do ser humano. Então, é a partir desses fatos — a mão do escultor, a elegância natural do jade e o amor de Confúcio pela humanidade — que podemos aprender a ser decentes cultivando o *li*.

Tal como o jade tem uma tendência natural a quebrar-se ao longo de linhas elegantes, Confúcio observou que os seres humanos têm um instinto natural para se comportar de forma decente uns com os outros. Um gesto gentil, um breve sorriso, um desejo de ajudar os outros, todos surgem espontaneamente de uma bondade humana básica ou de uma tendência a ser decente. Segundo Confúcio, essa tendência, o *li*, era a fonte de todos os comportamentos humanos apropriados e decentes. Cultivar um profundo respeito pela bondade humana, ensinou ele, está no âmago de se levar uma vida digna. Tal como os lapidadores de jade respeitam o *li* da pedra, cultivar o *li* na sociedade é primordial para a promoção da integridade e da dignidade humanas, exigindo compromisso e disciplina. Ao cultivar o *li*, a decência humana nunca é ignorada, mas é reconhecida, respeitada e preservada em todas as atividades — especialmente no trabalho. Do contrário, quando o *li* é ignorado, homens e mulheres podem se ver seguindo rituais sem sentido, obedecendo à forma mas não ao conteúdo das regras de contabilidade, permanecendo leais por medo e evitando em vez de arcar com a responsabilidade. Confúcio considerava a tarefa primordial de um líder de moldar a cultura humana semelhante à de um lapidador de jade: trazer à luz a benvolência natural da humanidade — inspirar e nutrir o *li*, promovendo desse modo a saúde, a sabedoria e o bem-estar espiritual de todos os cidadãos.

Uma coisa é dizer que o *li* é o nosso instinto para sermos decentes e humanos, mas como temos acesso a essa "bússola moral" de integridade que existe dentro de nós? Reconhecer o *li* no nosso interior pode ser bastante simples e direto. Uma maneira de reconhecer o *li* é tentar negá-lo. Por exemplo, da próxima vez que alguém estender a mão a você para cumprimentá-lo, imagine por um momento qual seria a sensação se você não estendesse a sua, negando o gesto de amizade da outra pessoa. A maioria de nós se sentiria muito desconfortável. Experimente não apertar a mão estendida de uma pessoa e veja. Ou da próxima vez que entrar numa loja cheia ou num restaurante lotado, não segure a porta para a pessoa que está saindo, mas simplesmente entre primeiro, passando espremido pela pessoa, e não olhe para trás, continue andando. Experimente fazer isso. É quase impossível — causa uma sensação inadequada e estranha. Esses pequenos exemplos demonstram a irritação de ir contra o *li* ou de corromper o veio natural de nossa decência básica.

Existem inúmeros exemplos simples de como o *li* em sua total humanidade permeia nossas vidas: dando orientação a um turista, devolvendo uma carteira perdida, oferecendo o assento a um idoso, segurando a porta do elevador para um colega. Em vez de ser uma grandiosa noção filosófica da China antiga, o *li* é, na verdade, a humanidade no seu nível mais básico — um instinto que nos guia para sermos úteis, honrados e afáveis uns com os outros. Nenhum livro de regras pode nos ensinar a estender esse respeito aos nossos semelhantes e ao nosso mundo. É do nosso *li*, da nossa natureza, fazer esses gestos simples e nobres. Quando não reconhecemos nem cultivamos essa decência básica, a indelicadeza, a violência e o egoísmo se tornam rotina, e a decência se torna mais uma exceção à regra do que um elo diário entre as pessoas. Sem integridade, ou até mesmo a cortesia básica em relação aos outros, perdemos o respeito pelo mundo.

Cultivar o *li* no trabalho começa por estender essas simples cortesias aos nossos colegas, não no sentido de sermos excessivamente polidos ou artificiais, mas naturalmente respeitosos e obsequiosos. Com o tempo, ao cultivarmos o respeito pelos outros, desenvolvemos um tipo de "diplomacia relaxada" que se torna parte do nosso estilo de trabalho. Como demonstramos consideração, não mais precisamos pedir desculpas por sermos duros ou diretos; não mais precisamos tomar sempre a decisão segura ou imaginar o pior sobre as dificuldades do local de trabalho. Desenvolvemos a confiança para sentir quando devemos ser diplomáticos e controlados, e quando devemos ser francos e diretos. Ao cultivar o *li*, a ética surge como uma expressão natural da mente livre de medo e agressão, não de algo que aprendemos num livro de regras. À medida que o compromisso com o *li* aumenta, também cresce nossa autoconfiança de que seremos decentes, de que desempenharemos "nossas funções de forma correta e com os olhos abertos". Descobrimos que nossa bússola moral interior é feita de jade e que ser autêntico não é nada mais do que seguir o perfil natural de quem somos.

Então, como sabermos o que fazer em situações especialmente difíceis, tais como as que foram enfrentadas por Cooper, Rowley e Watkins? Segundo Confúcio: "Sabemos o que é apropriado (*li*), especialmente em situações difíceis, pela sabedoria advinda da contemplação."

Confúcio sugere aqui que é com a tranqüilidade da contemplação, não por meio de livros de regras ou manuais, que adquirimos a confiança para tomar decisões difíceis, fazer o melhor e nos conduzir com habilidade. "Ouvir aquela voz interior", "Confiar no instinto", "Buscar a resposta bem no fundo" ou "Seguir o que o coração diz" são, todos, refrões comuns que se referem ao extraordinário recurso do *li*, do qual podemos fazer uso em tempos difíceis.

Exercitar o princípio do despertar no trabalho é uma prática de contemplação destinada a cultivar o *li* no trabalho, e outras práticas de contemplação são sugeridas no Apêndice "Cinco contemplações para o cultivo do *li*". Ao refletirmos regularmente sobre nossa experiência de trabalho com os princípios, podemos aprender a abandonar o medo e a resistência, e confiarmos que nossa integridade e humanidade nos guiarão ao comportamento decente no trabalho. Em vez de expressarmos nossa aprovação sobre números forjados, podemos confiar verdadeiramente em nosso *li* e, nas palavras de Cooper, "sentir uma obrigação pessoal" de dizer a verdade. Em vez de ficar vendo a gerência roubar milhões de dólares em bônus imerecido, podemos confiar em nosso *li* e, como Watkins, fazer "a coisa mais difícil da vida" ao apontar que a gerência da Enron tinha sido vítima do "poder da ganância e da negação". Em vez de escondermos os erros e nos esquivarmos das dificuldades, podemos confiar em nosso *li* e, como Rowley, parar de "dar cobertura só para livrar a cara de alguém". Ao sermos honestos com nós mesmos em contemplação, descobrimos que Cooper, Rowley e Watkins não são exceções, mas sim três mulheres que, como nós, são simplesmente decentes.

"Cultivar o *li*" nos estimula a proteger e nutrir nosso desejo inerente de nos comportarmos de forma honesta, responsável e respeitosa. Podemos tratar os concorrentes de forma justa mesmo enquanto travamos negociações duras com eles. Podemos colocar um colega numa posição difícil, mas podemos continuar a estar disponíveis e abertos, e sermos respeitosos. Mesmo sob circunstâncias tensas e adversas, podemos ser diplomáticos e habilidosos enquanto permanecemos decididos, honestos e firmes. Cultivar o *li* nos faz lembrar de que somos nobremente dotados de uma dignidade básica e de uma moralidade que pode inspirar e enaltecer não apenas a nós mesmos, mas a sociedade humana como um todo.

4

O trabalho é uma confusão

MUITOS DE NÓS VAMOS para o trabalho com a esperança de que podemos controlar nossos empregos. Queremos ser autores do nosso trabalho, não vítimas indefesas de circunstâncias não planejadas. Queremos nos sentir como donos do jogo e no comando dos detalhes, e queremos que o trabalho permaneça em ordem para que não precisemos nos preocupar.

No entanto, o trabalho não permanecerá em ordem, apesar de todos os nossos esforços. Os relatórios financeiros e as planilhas aparentam estar organizados. As rotinas e os horários parecem confiáveis. Os sistemas de computadores e nossa capacidade de gestão oferecem um certo tipo de previsibilidade. Mas o que nos dispusemos a fazer no trabalho nunca é o resultado que temos no fim. O trabalho, por sua própria natureza, é imprevisível e confuso, caótico e surpreendente.

Esse caos pode nos afetar de modo muito direto e pessoal. Vamos trabalhar esperando uma coisa e temos outra bastante diferente. Podemos aceitar um novo emprego com toda a promessa e todo o desafio que ele oferece. Depois, quando chegamos lá, descobrimos que o gerente que nos contratou está partindo em busca de uma oportunidade em outro lugar. Ficamos com um chefe novo e um desafio completamente diferente. Ou talvez tenhamos lançado uma nova e promissora linha de produto — digamos que seja um jogo para ensinar as crianças a dizer o nome de todos os países do mundo — e depois descobrimos que as instruções de embalagem nas 100 mil unidades estão em francês e *pensamos* que tínhamos pedido em inglês. Talvez tenhamos convencido nosso chefe a investir em um novo projeto; montamos uma equipe e ganhamos força. E descobrimos no meio do caminho que o orçamento foi cortado e que temos de demitir os empregados recém-contratados. Pode parecer que esse desalinho põe em xeque nossa rotina, nossa segurança financeira, nosso senso de realização e muito mais.

Esse tipo de imprevisibilidade previsível acontece todo dia a milhares de pessoas. E, no entanto, de alguma forma, acabamos nos referindo a essas circunstâncias bastante comuns como ameaças e desastres, perdendo nosso senso de confiança e nosso desafio criativo. De forma típica, tratamos as surpresas do trabalho como meros erros, passos em falso ou mancadas que não deveriam ter ocorrido, acontecimentos que deveríamos ter evitado. Queremos muito que nosso mundo corra sem percalços — sem incertezas, sem surpresas, sem conflitos desconfortáveis. Queremos ser os donos do jogo, sem a possibilidade de errar ou deixar cair a bola. Mas se as surpresas confusas do trabalho não forem apenas erros, riscos ou fraquezas, o que são? E como podemos reagir a elas da melhor forma?

A realidade é que não há solução para o caos e a confusão inerentes ao trabalho. O trabalho, por sua própria natureza, sempre será incerto. A boa notícia é que a confusão e a incerteza do trabalho não precisam ser aflitivas. Elas podem, de fato, ser apenas o que estamos buscando.

No antigo texto chinês *A arte da guerra*, o renomado general-estrategista Sun Tzu fornece a seguinte instrução:

> *Quando estiver em batalha,*
> *Use a ortodoxia para empenhar as tropas,*
> *Use o extraordinário para alcançar a vitória.*

Embora o local de trabalho não seja um campo de batalha, as palavras de Sun Tzu contêm conselhos sábios sobre como se relacionar de forma habilidosa com as surpresas do trabalho.

Nessa breve instrução, Sun Tzu está explicando aos seus líderes guerreiros que eles deveriam guerrear com suas estratégias "ortodoxas". Isso quer dizer que eles terão estudado uma ampla gama de táticas e disciplinas. Terão arquitetado planos antecipadamente — prevendo as manobras e a predisposição do inimigo. Os soldados terão sido treinados a travar combate e utilizar armamento; os oficiais, exercitados em táticas de campo de batalha; as armas posicionadas e as defesas fortificadas. É com isso, o ortodoxo, que eles se *empenharão* na batalha.

Mas a *vitória*, Sun Tzu salienta, não advém desses preparativos. A vitória é atingida pelo "extraordinário". Aqui, Sun Tzu está revelando aos líderes guerreiros uma poderosa realidade da guerra: ela é imprevisível e caótica — e é nesse desalinho que o general guerreiro encontra a vitória. Uma mudança no clima, um erro no mapa do plano de batalha, uma arma que dispara prematuramente — tudo não-previsto, porém inevitável —, são elementos para os quais o general guerreiro permanece constantemente alerta e pronto a explorar em seu benefício. Segundo Sun Tzu, são as infinitas e inimagináveis variações da guerra que oferecem ao estrategista as alavancas para a vitória.

Como o líder guerreiro permanece sempre alerta para o extraordinário é da mais alta importância para Sun Tzu. Não podemos ficar sentados esperando na ponta da cadeira e nos precipitarmos sobre as surpresas como um gato sobre um rato. Ter ganância pelo sucesso ou pela vitória não é a questão. Em vez disso, Sun Tzu enfatiza em todas as partes de *A arte da guerra* que o líder guerreiro deve ter a vitória no âmago do seu ser desde o começo, antes mesmo de a batalha começar. Sun Tzu ensina que o líder guerreiro deve estar relaxado e aberto ao momento presente em todos os instantes. Quanto mais à vontade o guerreiro estiver com a situação prestes a acontecer, mais aberto, poderoso e destemido ele se torna como líder. A instrução de Sun Tzu para utilizar o extraordinário é primeiro "se conhecer" e, por meio desse conhecimento, trabalhar diretamente com o conflito, avaliar o momento imediato e deixar a inteligência natural surgir. Em suma, estar desperto!

O uso que Sun Tzu faz do ortodoxo e do extraordinário pode ser aplicado à nossa experiência no trabalho. Fazemos uso de rotinas, tais como planos de negócios, previsões financeiras, reuniões de equipes e relatórios mensais, para *envolver* nosso trabalho. Capacitamo-nos com MBAs e CPAs* — o ortodoxo. Mas, para Sun Tzu, nunca obteremos sucesso no trabalho se contarmos exclusivamente com isso. Somente se permanecermos alertas e aber-

* Sigla em inglês para Certified Public Accountant, um contador que conquistou uma licença no seu estado atestando seu alto grau de habilidade, capacitação e experiência. (*N. do T.*)

tos aos eventos extraordinários — o desalinhado e o imprevisível — e empenhá-los de modo aberto e direto é que poderemos obter êxito de verdade.

Um empregado talentoso recrutado por um concorrente torna-se uma oportunidade de promover novos talentos a partir de dentro da empresa — e ter um amigo dentro do "campo do inimigo". A economia sofre baixa súbita, nossa lucratividade cai — mas também a do nosso concorrente, que agora está no ponto de aquisição. Acusações de práticas de trabalho desleais fornecem uma oportunidade para renovar as políticas de alto a baixo. A falta de idéias para novos produtos torna-se a chance perfeita para chegarmos aos postos mais baixos e ouvirmos o que têm a dizer os inovadores em potencial. Os conflitos e as dificuldades no trabalho carregam consigo a possibilidade de sucesso, desde que estejamos suficientemente abertos para envolvê-los sem medo ou ressentimento.

Se fôssemos adaptar Sun Tzu para o local de trabalho, poderíamos traduzir sua instrução de três linhas de forma um pouco diferente:

Quando estiver no trabalho,
Use rotinas estabelecidas para buscar objetivos,
Use o desalinho e as surpresas para inovar e obter êxito.

"O trabalho é uma confusão" nos incentiva, primeiro, a reconhecer que nunca podemos ter uma relação completamente eficiente com nosso meio de vida. Tratar o desalinho no trabalho como se fosse um erro ou um risco apenas cria mais sofrimento e ressentimento desnecessários. Ao desenvolvermos a atitude de que o trabalho é uma confusão, podemos aprender a relaxar e ser curiosos quanto às surpresas e interrupções. Ao lidarmos com o desalinho do trabalho de forma direta — avaliando tanto as vantagens quanto as desvantagens — tornamo-nos plenamente preparados para lidar com tais acontecimentos em todas as suas variações. Temos a criatividade, o bom humor e a curiosidade para adaptar e inovar — para sermos vitoriosos, não importando as circunstâncias.

PARTE DOIS

DESENVOLVENDO UMA ATITUDE SERENA

Os 11 princípios desta seção questionam alguns dos hábitos e preconceitos mais fundamentais acerca de por que e como trabalhamos, e nos convidam a lidar com o trabalho com uma atitude inteiramente diferente.

- Sem base, sem garantias, apenas o *agora*
- Um balde e um polegar
- Seu emprego atual está desaparecendo
- Vá além do silêncio do medo
- O poder é amedrontador
- Seja cínico
- Reflita sobre a riqueza
- Em tempos de risco e estresse, cultive a tranqüilidade
- Cultive a mentalidade da "pia de cozinha"
- Seja generoso consigo mesmo
- Abra-se

Quando misturamos esses princípios com o nosso trabalho diário, ficamos cara a cara com a realidade de que nada é garantido na vida e de que a busca por segurança no trabalho é inútil. Ao sermos totalmente francos com nós mesmos sobre nossos estímulos no trabalho, começamos a desenvolver uma serenidade natural que nem busca confirmação nem teme os aspectos desconhecidos do trabalho. Reconhecemos nossa criatividade básica, aprendemos a confiar e a gostar de nós mesmos e a expressar uma atitude aberta e realista em relação ao nosso emprego e aos nossos colegas. Os 11 princípios desta seção apontam para a deliciosa e chocante realidade de que qualquer coisa pode acontecer e acontece no trabalho, e não temos outra opção a não ser estarmos abertos enquanto as circunstâncias se revelam.

5

Sem base, sem garantias, apenas o *agora*

ESTAR DESPERTO NO TRABALHO não é um estado de espírito fixo ou organizado que alcançamos em algum momento, um ponto no qual finalmente chegamos e por isso estamos de uma vez por todas despertos. Não existe realização final pela qual podemos esperar, nenhum estado de espírito para o qual podemos dar um bônus ou promover a presidente da empresa. Em vez disso, estar desperto no trabalho é lidar com o trabalho de forma precisa, genuína e direta enquanto ele se desdobra constantemente, momento a momento, sem preconceito ou pretensão. Num momento o telefone está silencioso, no outro está tocando. Hoje temos um emprego; nossas rotinas e responsabilidades estão dispostas diante de nós. No dia seguinte, o nosso emprego se foi — sem rotinas, sem responsabilidades. Agora fazemos a venda. Depois perdemos a venda. Estar desperto no trabalho é envolver-se em cada circunstância agora, em seus próprios termos vívidos, fluidos e incertos.

Quando nos envolvemos de forma desperta em cada momento pelo que ele é, notamos que quem somos é colocado em questão o tempo todo. Tal como as circunstâncias do trabalho mudam e se deslocam, o mesmo acontece conosco. Quem somos e quem gostaríamos de nos tornar são fatos tão incertos quanto as situações que enfrentamos. Por mais que tentemos, não conseguimos encontrar uma identidade sólida no trabalho. Hoje somos um colega que ajuda e apóia; amanhã alguém nos considera problemático. Nosso novo título de vice-presidente é algo empolgante num momento, opressivo no momento seguinte e, às vezes, irrelevante. Hoje podemos ser um executivo de sucesso, um líder de equipe ou alguém que fecha negócios. Amanhã estamos sem emprego, não mais estabelecidos, sem definição e em busca. Estar desperto no trabalho é reconhecer que a situação inteira — nosso emprego e nossa versão de nós mesmos no trabalho — é fluida e muda constantemente. Em suma: sem base, sem garantias, apenas o *agora*.

É claro que poderíamos considerar esse ponto de vista ridículo. Nossos empregos não são *tão* incertos e sem base. Sabemos quem somos e quais são nossos empregos — sem questionamento, sem dúvida verdadeira. As circunstâncias podem se alterar e as dificuldades podem surgir, mas nós nos adaptamos — "prosseguimos na luta", como dizem os britânicos. E, em grande escala, a maioria de nós faz exatamente isso, dando o nosso melhor. Estar desperto no trabalho não questiona inteiramente essa convicção. Nos esforçamos para ter um pouco de previsibilidade na vida, o que é um objetivo decente e digno. Mas, ao estarmos despertos no trabalho, também permitimos que as incertezas do trabalho se manifestem de forma tão plena e vívida quanto ocorrem naturalmente, momento a momento. Estamos dispostos a sentir todas as texturas dos riscos e das dificuldades do trabalho sem as dolorosas defesas do ressentimento, da arrogância ou do medo. Não precisamos amenizar o fato de que não há garantias. Nem precisamos suavizar os duros fatos do negócio, maquiar resultados para fazer com que pareçam mais do que são ou fingir que o "rei não está nu, mas tem roupas novas" quando sabemos do contrário. Estar alerta no trabalho é estar inteiramente ciente de que qualquer coisa pode acontecer e acontece no trabalho, e não é preciso fingir o contrário.

Normalmente, os negócios tratam a ausência de base ou a incerteza como um risco ou uma inconveniência, uma miragem temporária no caminho para o controle perfeito e duradouro. É como se o trabalho perfeitamente executado eliminasse a incerteza, garantindo o sucesso sem surpresas, erros ou riscos incorretamente julgados. Estar desperto no trabalho é adotar exatamente o ponto de vista oposto. Em vez de ser um risco a ser eliminado, a ausência de base é reconhecida como a fundação ou a natureza básica de tudo o que vivenciamos — fato da vida básico e inevitável. A realidade de que tudo muda constantemente provoca e atiça nossa atenção porque nunca sabemos realmente o que vai acontecer depois. Estamos despertos no trabalho exatamente porque tudo está em questão. Tudo o que somos, tudo o que fazemos, tudo o que queremos e desejamos, está basicamente em questão a cada momento. Essa realidade poderosa e intensa exige que *despertemos*.

Algumas pessoas talvez digam: "Como não há base e não há garantias, e eu não sei o que está para acontecer, posso relaxar, descansar, tomar outra xícara de café e esperar para ver." O ditado francês "*C'est la vie!*" torna-se o nosso princípio. "A vida é assim. Às vezes, as coisas dão certo, outras vezes, não saem tão bem. Não há necessidade de se envolver demais. *C'est la vie!*" Essa abordagem trata a experiência da incerteza como uma desculpa para abandonar a vividez penetrante da experiência imediata. A exigente realidade do "Sem base, sem garantias, só o *agora*" torna-se a razão para tirarmos outra soneca. Damos de ombros e cedemos a uma certa depressão porque não conseguimos controlar nosso mundo. Acendemos outro cigarro, colocamos óculos escuros e assistimos o momento imediato se desdobrar através de uma névoa de fumaça.

Mas a ausência de base não é uma desculpa para tirar uma soneca ou lavar as mãos. É, na verdade, um convite claro para "despertar" — prestar atenção —, apreciar o mundo à sua volta! A ausência de base torna-se a paisagem que informa, altera e desperta quem somos e tudo que fazemos. Quem quer que sejamos, um médico mundialmente famoso ou o mecânico do bairro, sabemos que o nosso status é passageiro. Estejamos consertando a válvula de um coração doente ou uma transmissão gasta, temos ciência de que, fundamentalmente, não sabemos o que acontecerá depois.

Quando reconhecemos que não há base nem garantias, apenas o *agora*, nos tornamos pioneiros: este exato momento, bem aqui e agora, torna-se um território não familiar a ser explorado. Nossas rotinas podem ser familiares, e o que se espera de nós pode ser distinto e concreto, mas há sempre — *sempre* — algo novo e desconhecido acontecendo. "Sem base, sem garantias, apenas o *agora*" nos lembra de nos tornarmos pioneiros do momento imediato em tudo que fazemos no trabalho. Como pioneiros, não precisamos nos sobrecarregar com uma coleção de hábitos e pontos de vista fixos; podemos viajar com pouca bagagem, retendo o que é útil e abandonando qualquer coisa que se torne ineficaz. Como pioneiros, tornamo-nos viajantes experientes que têm bastante consciência de que qualquer coisa pode acontecer e acontece. Uma tempestade pode soprar a qualquer momento ou nossa empresa pode ser comprada por um concorrente. Logo ao virar a esquina podemos encontrar uma fonte da montanha na qual podemos nos refrescar ou a idéia para um novo produto que pode revigorar nossa estratégia de marketing. Como pioneiros, estamos alertas e preparados porque há sempre, *sempre*, algo novo e surpreendente.

O mais importante é que "Sem base, sem garantias, só o *agora*" nos lembra de que somos livres. Ao reconhecer que quem somos e o que fazemos no trabalho nunca é fixo, descobrimos uma liberdade básica, porque qualquer coisa pode acontecer em seguida. Permanecer aberto a um mundo que é tão vastamente imprevisível exige que sejamos extremamente corajosos e acreditemos que estamos plenamente preparados para lidar com tais acontecimentos. Ser livre assim é estar completamente disponível para a vida — confiar que temos a engenhosidade, o bom humor e a curiosidade para nos adaptar e prosperar, não obstante as circunstâncias.

6

Um balde e um polegar

QUANDO ALCANÇAMOS o sucesso no trabalho, muitas pessoas contam conosco. As decisões que tomamos a cada dia têm um sério impacto sobre os outros; nos tornamos essenciais para a "realização do trabalho". Uma decisão tão importante pode vir de detrás da mesa do presidente ou da caixa registradora. Podemos estipular preços para um produto de saúde raro e muito necessário, ou talvez tenhamos o talento simples, porém extraordinário, para consertar qualquer aparelho. Todos nós, cada um à sua maneira, desempenhamos um papel importante no trabalho e podemos acabar nos vendo como indispensáveis.

Sentir-se indispensável no trabalho é algo que pode nos afetar sorrateiramente, criando uma cegueira com potencial desastroso. Como confiam em nós e temos um passado de realizações comprovado, podemos aos poucos começar a sentir uma falsa sensação de confiança, certos de que a maneira pela qual lidamos com os problemas é inquestionável. Por nos sentirmos tão confiantes, acabamos ignorando os conselhos de nossos colegas e os sinais do nosso ambiente de trabalho. Estamos tão ocupados sendo indispensáveis que deixamos passar o óbvio e, possivelmente, ficamos muito pouco a par do nosso serviço.

Aprendi a dura lição de me sentir indispensável através dos olhos de um colega do setor de publicações, Bailey. Ele tinha construído um negócio editorial tão lucrativo e bem-sucedido que foi adquirido pela empresa para a qual eu trabalhava. Era considerado um líder do setor e fazia parte de muitos comitês do ramo. Fazia discursos públicos em conferências e exposições de livros. Tinha centenas de empregados sob o seu comando e era amplamente admirado, embora fosse considerado um pouco conservador e inflexível em seus modos. Suspeitava das novas tecnologias e demorava a refletir sobre novas maneiras de organizar e produzir livros. Tolerava mais que estimava seu novo sócio corporativo e, em seu papel como presidente de divisão, freqüentemente ignorava as prioridades corporativas que exigiam sua atenção.

Meu trabalho era renegociar o contrato de emprego de Bailey, que deveria ser renovado em seis meses. Ninguém na gerência queria perdê-lo, e ele sabia disso. Ele era um ótimo administrador e um negociador eficiente, e nós não queríamos competir contra ele se ele deixasse a empresa e fosse para um concorrente. Ele sentia claramente que tinha as cartas na mão.

Em grande parte, nossas negociações foram bem-sucedidas. Resolvemos a maioria das questões exceto uma, que me mantinha acordado a noite toda: Bailey se recusava a se reportar à nova chefe, como constava do contrato. Estava infeliz e cada vez mais frustrado desde que sua empresa fora adquirida, e parecia que pretendia acabar com suas frustrações. Queria sua chefe fora do caminho e sentia que tinha o poder de fazer isso.

Fiquei curioso em saber como a chefe de Bailey, Rachel, iria lidar com essa exigência. Era, obviamente, uma questão muito delicada, e eu não tinha certeza de como apresentar o problema. Ficava ensaiando o que dizer, e, na minha cabeça, a conversa parecia cada vez mais uma espécie de piada: "Então, como vão as negociações do contrato com Bailey?" Eu a imaginava me perguntando. "Bem, a boa notícia é que ele quer ficar, mas a má notícia é que ele está pensando que talvez, em vez de ele se reportar a você, você poderia cortar a grama dele e cuidar do seu jardim", seria minha resposta.

Quando chegou a hora de discutir a questão com Rachel, ela logo tomou conta da conversa. "Então, como está indo o diálogo com Bailey?", perguntou ela. "Muito bem, exceto por um ponto realmente difícil", respondi fazendo uma careta. "É a cláusula do 'Eu sou bom demais para me reportar a ela, e, como sou indispensável, alguém poderia fazer alguma coisa quanto a isso'", respondeu Rachel dando uma risada. "É só um balde e um polegar, Michael — só um balde e um polegar."

"Um balde e um polegar?", perguntei. "O que isso quer dizer?" Rachel recostou-se e explicou: "Bailey pensa que é indispensável. A verdade é que, não importa o quanto você pense que é indispensável, quando você deixa um emprego, o impacto é o mesmo de quando tira o polegar de um balde de água: praticamente nenhum. Esta empresa ficaria muito bem sem Bailey. Temos centenas de pessoas que trabalham arduamente, e elas continuarão com ou sem ele. Ninguém é indispensável, nem mesmo Bailey. E se, como Bailey, você acha que é *tão* indispensável, existe um problema muito maior a ser resolvido."

Não é preciso dizer que Bailey foi dispensado cerca de 30 dias depois e Rachel gerenciou o negócio sem ele. A sua perspicácia sobre a cegueira de Bailey deixou uma impressão duradoura em mim. Ela havia visto que a sensação de indispensabilidade de Bailey o tinha deixado incapaz de se adaptar e gerenciar as dificuldades da mudança. Bailey se acostumara à sua maneira de fazer as coisas, e seus "olhos e ouvidos" haviam se fechado. Rigidamente ligado ao status quo, ele não estava disposto a aceitar novas maneiras de fazer negócios, tais como considerar o impacto iminente da tecnologia e coordenar decisões de investimentos com outras divisões. Sua resistência à nova chefe e aos novos donos da empresa era, na realidade, seu medo de ter de gerenciar as complexidades do mercado que estavam se fechando rapidamente sobre o seu negócio.

No entanto, ele estava disposto a ameaçar sair se as coisas não fossem feitas a seu modo, mantendo toda a empresa como refém. Bailey vinha em primeiro lugar — acima de sua chefe dessa vez, mas quem ou o que seria o próximo? Talvez, no mês seguinte, as metas de lucro da empresa não estariam do seu gosto, ou talvez ele se recusaria a comprometer os dólares da empresa com novos autores e projetos. A extrema confiança de Bailey ia tirar ele e sua divisão dos trilhos mais cedo ou mais tarde, e Rachel decidiu, muito corretamente, que mais cedo era melhor do que mais tarde.

O princípio "Um balde e um polegar" é um lembrete para nos acautelarmos ante a falsa sensação de confiança. Não importa o quanto sejamos capazes no trabalho, a realidade é que todos nós podemos ser substituídos. O sucesso não precisa nos levar à complacência ou à presunção. Ao lembrarmos que o mundo do trabalho seguiria adiante muito bem sem nós, podemos adotar uma atitude equilibrada, gozando de nossas próprias realizações e nos orgulhando de ajudar os outros a obter êxito também.

7

Seu emprego atual está desaparecendo

TODOS NÓS QUEREMOS manter nossos empregos. Nossa renda paga a educação de nossos filhos. Nosso plano de saúde mantém a nós e aos que amamos a salvo e saudáveis. Nossas economias nos dão algo com que contar no futuro. Todos queremos um pouco de estabilidade em nossas vidas: um contracheque previsível, um bom emprego, colegas conhecidos. A lógica é bastante simples: se fizermos bem nosso trabalho, seremos recompensados, teremos um emprego e nossa vida será relativamente segura.

O problema é que essa lógica não se sustenta. Por um número infinito de razões, as pessoas perdem o emprego todos os dias. Mais de mil norte-americanos perdem o emprego a cada hora — muitos, se não a maioria deles, estavam fazendo seu trabalho muito bem. A realidade é que não importa o quanto sejamos talentosos ou o quanto nosso desempenho seja bom no trabalho, não obstante nossa lealdade e dedicação, podemos nos ver sem trabalho, às vezes sem aviso — e sabemos disso.

A perspectiva de perder o emprego é aflitiva. Até mesmo considerar essa possibilidade nos deixa sem chão e intranqüilos, uma vez que tanta coisa parece estar em risco: nossa estabilidade financeira, nossa reputação, nosso senso, nossa sensação de valor próprio e até mesmo nossa identidade. Em nossos momentos de sinceridade, sabemos que nossos empregos não são seguros nem permanentes. Muitos de nós vemos nossos colegas perderem seus empregos ou lemos reportagens de jornais todos os dias sobre uma nova série de demissões, desemprego alto e tempos econômicos difíceis em todo o mundo. Conhecemos a realidade. Sabemos que podem surgir circunstâncias que talvez coloquem em risco nosso sustento.

No entanto, se examinarmos mais de perto nosso desconforto, podemos notar que não ter garantias não é a causa principal da nossa aflição. Sentimo-nos ansiosos não por causa da realidade da incerteza, mas porque lutamos continuamente contra ela, fingindo que as circunstâncias não são tão precárias. Ficamos ansiosos porque persistimos numa busca fútil pelo impossível, esperando que nosso emprego nos dê segurança em um mundo incerto e constantemente em mutação. No cerne do nosso desconforto está uma frustração com nós mesmos, pois estamos tentando garantir nossas vidas sabendo que isso é impossível.

Diante de demissões em massa, reorganizações de departamentos, projetos descontinuados, contas perdidas para concorrentes, vemo-nos agarrados à *aparência* da segurança. Podemos ignorar certos detalhes desagradáveis ou reclamar de "crítica injusta". Quando nos sentimos ameaçados, podemos nos apressar em procurar culpados ou buscar evidências de que as coisas se resolverão. Insistir em que o trabalho forneça segurança significa que, às vezes, gastamos mais tempo e esforço nos *agarran-*

do ao nosso emprego do que realmente desempenhando nosso trabalho.

"Seu emprego atual está desaparecendo" nos lembra que podemos parar de esperar segurança e garantias do trabalho. Podemos abandonar a luta de nos agarrarmos a ele. Podemos ser honestos com nós mesmos sobre o que o trabalho pode e não pode fazer pela nossa vida. Muitas situações no trabalho fogem às regras, são irracionais, às vezes injustas, e jamais seguras. Embora isso possa parecer um fato desagradável, não exige que lutemos ou nos enganemos. Os fatos podem ser duros, mas não precisamos temê-los.

É claro que "Seu emprego atual está desaparecendo" não sugere que devemos ser imprevidentes ou que não devemos buscar um trabalho previsível. Mas precisamos, sim, ser completamente realistas em nossos esforços. Nenhum emprego é permanente; nenhuma renda é segura; toda carreira sofre, ocasionalmente, uma guinada estranha e complexa. Nosso trabalho não pode nos salvar das incertezas da vida nem assegurar nossa reputação, nossa identidade ou nosso valor próprio.

Ao sermos realistas sobre o que o trabalho pode e não pode nos proporcionar, podemos começar a nos relacionar com nosso emprego de forma adequada e precisa, e não como uma questão de sobrevivência. Em vez de nos agarrarmos ao emprego em busca de segurança e estabilidade, podemos nos soltar e confiar em nós mesmos. Somos criativos. Podemos lidar com o trabalho de modo confiante e autêntico. Temos a coragem para lidar com o trabalho em seus próprios termos, em vez de tentar encontrar uma falsa segurança. Os desafios criativos são simplesmente o que são: desafios, não uma questão de sobrevivência. As dificuldades no local de trabalho são exatamente o que são: dificuldades, não uma questão de desastre iminente. Contribuir para o mundo — fazendo um produto novo, fornecendo um serviço confiável, ajudando aqueles que precisam — é uma enérgica iniciativa com vistas ao futuro que exige que sejamos confiantes e engenhosos, sem nos deixarmos assombrar pelas esperanças de segurança e pelo medo do desastre.

Ao refletirmos sobre o lembrete "Seu emprego atual está desaparecendo" estamos, decididamente, reorganizando nossos pensamentos sobre o trabalho a fim de sermos realistas. O esforço que despendemos preocupados em nos agarrar ao emprego pode ser liberado e utilizado para vivermos a vida de forma corajosa. Tal como tudo mais na vida, nossos empregos não são permanentes, e não há nada a que se agarrar, o que, na verdade, pode ser uma boa notícia.

8

Vá além do silêncio do medo

EM ABRIL DE 2003 a gerência sênior do *The New York Times* descobriu que um de seus repórteres, Jayson Blair, mentia constantemente ao relatar as notícias. Normalmente, as empresas tratam comportamentos impróprios tal como fraude, furto, assédio sexual ou, nesse caso, deturpar a notícia, como um grave problema *ocasional* de pessoal que requer ação rápida: despedir o culpado e voltar ao trabalho. Infelizmente, tal comportamento é, com freqüência, um sintoma de um problema maior, e este aparentemente era o caso no *The New York Times.* Embora o editor-executivo do jornal, Howell Raines, possa ter simplesmente desejado demitir Blair, aprender uma lição rápida e prosseguir com o negócio, os empregados do *Times* pensaram de outra forma. Em reação ao escândalo, os funcionários da sala de redação, os repórteres, redatores e empregados de todo o jornal expressaram suas irritações não com Jayson Blair, mas por se sentirem "intimidados", "mal chefiados", "ignorados" e, em geral "desrespeitados". Para muitas pessoas no *Times*, Blair não era um problema passageiro, mas uma janela para um local de trabalho profundamente conturbado onde "um senso de decência fora ignorado ou se perdera na corrida pela busca da notícia". No cerne dos problemas estava uma realidade muito simples e dolorosa, expressa de forma perfeita pelo próprio editor-executivo: "Segundo eu soube, o medo é um problema de tal magnitude que os redatores têm medo de me trazer notícias ruins."

O que Howell Raines descobriu ao demitir Jayson Blair foi o efeito silencioso e mortal que o medo tem sobre os negócios. No fim de tudo, o escândalo custou o emprego do Sr. Raines e de alguns de seus gerentes seniores, mas o impacto foi muito maior que a demissão de algumas pessoas. O que ficou dolorosamente claro quando a poeira assentou no *Times* foi que uma instituição inteira, conhecida em todo o mundo pela honestidade e precisão ao relatar notícias, era na verdade uma organização que não conseguia ser honesta consigo mesma. Uma cultura de medo tinha posto em dúvida tudo que era valorizado e respeitado em relação ao *The New York Times*.

É claro que existem muitos exemplos do medo vencendo as organizações: EF Hutton, Arthur Andersen, Enron, WorldCom — até mesmo a Igreja Católica. A maioria das pessoas tem medo no trabalho até um certo grau: medo de perder o emprego, medo de ser criticado ou se sentir constrangido, medo de rejeição, medo de se confrontar com uma situação difícil.

Normalmente, guardamos nossos medos. Não vamos dizer ao editor-executivo que achamos que ele é tirânico ou dizer para nossos colegas numa reunião: "Ei, acho que arruinei a conversão do sistema." Podemos até fingir o contrário, bancando o durão e inacessível em vez de nos mostrarmos confusos ou magoados. Em geral, tal como no *The New York Times*, o medo no local de trabalho permanece em segundo plano, escondido e evitado, até que algo aconteça.

Por outro lado, estar desperto no trabalho requer que examinemos com cuidado os nossos medos bem aqui, neste momento. O supervisor que hesita em compartilhar uma idéia com um chefe inseguro, a secretária que está incomodada com os leves comentários de conotação sexual de um colega, o membro da diretoria que aprova irrefletidamente pagamentos de bônus extremamente generosos para executivos não merecedores, a representante de vendas que é pressionada a promover um produto que ela sabe que não tem qualidade — avaliar o medo por trás dessas circunstâncias comuns de trabalho é essencial para sermos autênticos no trabalho. Para fazê-lo, devemos, primeiro, compreender o traço mais inequívoco do medo: *o silêncio*.

O silêncio sempre traz à mente um cenário de paz ou um momento tranqüilo em que estamos livres da velocidade e do clamor das exigências da vida moderna. Mas o silêncio do medo no local de trabalho não é pacífico nem tranqüilo. É a ansiedade tensa e não declarada das pessoas que não estão dispostas a dizer o que pensam de verdade. Ao simplesmente reconhecermos a dor de tal constrangimento, damos o primeiro passo para além do silêncio do medo.

É claro que ir além do silêncio do medo não é apenas dizer o que pensamos onde e para quem quisermos. Dar opiniões no momento certo e no local correto é essencial para cultivarmos o *li* e sermos eficientes no trabalho. Para irmos além do silêncio do medo, devemos primeiro simplesmente testemunhar como o silêncio oculta o medo no trabalho. Quando o assistente rudemente repudiado pelo seu chefe numa reunião fica amuado e retraído, vemos o silêncio do medo. Quando a contadora mantém os olhos abaixados enquanto o gerente de vendas apresenta números de vendas altamente questionáveis para o presidente, mais uma vez vemos esse silêncio. O médico residente soltando fumaça, a garçonete constrangida, a sala cheia de funcionários de operações de braços cruzados — ao notarmos a hesitação em outras pessoas e examinarmos nossa própria relutância em falar francamente, aumentamos nossa consciência do medo no local de trabalho e preparamos o terreno para compreender a verdadeira diferença entre ser covarde e ser destemido no trabalho.

Ser covarde é viver nossa vida num estado corrosivo e incômodo de esperança e medo — temendo o que poderia sair errado em nosso emprego e desejando ter segurança e sucesso. Em vez de confiarmos em nós mesmos e sermos autênticos, vemos o trabalho como uma ameaça básica com a qual devemos "lidar" para evitar o constrangimento. Guardamos nossos pensamentos de medo e aceitamos o status quo, não importando sua disfuncionalidade, em vez de falarmos o que pensamos, o que possivelmente poderia ser um convite ao pior. Nosso instinto de decência e autêncidade entra em conflito com nosso desejo ansioso de ter segurança, e ficamos tensos e silenciosamente congelados a fim de proteger nossa carreira, nosso contracheque, nossa reputação ou nosso emprego. Essa covardia é superficial e patética, e nunca atinge seu objetivo no fim.

Não ter medo, por outro lado, significa viver sem garantias. As coisas não só *podem* sair errado no trabalho, como vão sair errado — porém, confiamos em nós mesmos para fazer o melhor. Em vez de encararmos a confusão e as dificuldades no trabalho como uma ameaça, lidamos com elas a partir de um posicionamento básico de confiança: de sermos quem somos, onde estamos, é algo poderoso e suficiente. Admitimos que ser autêntico é nossa única opção e que nos escondermos no silêncio do medo é fundamentalmente inútil.

No entanto, agir de modo covarde no trabalho não é algo do qual devemos nos envergonhar. Para ir além do silêncio do medo, precisamos admitir que existe algo em nossa vida que devemos superar — a saber, nosso medo. Ao admitirmos nossa covardia, expressamos exatamente a coragem que estamos buscando. Quando Howell Raines do *The New York Times* encontrou-se com seus empregados dias antes de se demitir, ele tentou enfrentar sua covardia, admitindo: "Fui culpado por ter tido pouco cautela" e "Vocês me vêem como inacessível e arrogante" e "Estou aqui para ouvir a raiva de vocês". Apesar de suas ações terem sido poucas e tardias, Raines buscou reconhecer a realidade do medo e servir de modelo para a possibilidade da coragem. Como líder, envolveu seu pessoal no que foi descrito como "uma sessão extraordinariamente direta, franca e emotiva", na qual ele encarou a confusão do trabalho e deu um passo importante além do seu próprio estilo de trabalho "com excesso de cobrança".

"Ir além do silêncio do medo" nos estimula a estar extremamente familiarizados com a maneira pela qual a negação mascara o medo com o silêncio. Especialmente se estivermos num papel de liderança, podemos falar de forma hábil com os outros sobre nossos medos e nossas apreensões e ouvir atentamente os outros falarem sobre suas questões sensíveis. Quando ouvimos "Eu poderia ser despedido por dizer isso!" ou "Entraremos numa enrascada por causa disso", deveríamos ouvir atentamente e atestar de coração. Reconhecer tal constrangimento nos outros e em nós mesmos é essencial para que não tenhamos medo no trabalho.

Ir além do silêncio do medo exige também que estejamos atentos à maneira como nos conduzimos, alertas a qualquer mensagem dúbia que possamos enviar e que talvez possa confundir ou causar mal-estar aos outros. Aceitar crítica, ouvir com atenção, colaborar com os outros, respeitar a privacidade, discutir temas difíceis de maneira séria e ser preciso no discurso — tudo faz parte de como construímos um local de trabalho livre de medo de forma hábil e consistente. Ir além do silêncio do medo é avaliar de forma profunda o sofrimento que muitos de nós sentimos todos os dias ao realizarmos nosso serviço e admitir que todos nós somos dignos de estarmos livres da ansiedade e do medo no trabalho.

9

O poder é amedrontador

O PODER PODE NOS FAZER sentir desconfortáveis. Até mesmo ouvir ou dizer a palavra pode fazer com que nos sintamos impacientes. Se fôssemos dizer "Eu quero o poder" numa reunião com nossos colegas, eles muito provavelmente iriam se sentir ansiosos ou suspeitariam de estarmos loucos. Simplesmente não soaria bem. Não se fala do poder de forma tão precipitada. Ou, se um colega sussurrasse em nosso ouvido: "Ei, quer ver algo legal aqui na minha maleta?", e déssemos uma olhada e encontrássemos milhões de dólares em dinheiro vivo empilhados, provavelmente ficaríamos muito nervosos. Ele não deveria carregar tanto poder concentrado por aí numa maleta. Ele corre o risco de esquecê-la num táxi.

Podemos nos tornar tão desconfortáveis com o poder que ficamos paralisados. Talvez aconteça de um astro de cinema ou um jogador de futebol famoso entrar num elevador conosco e nós congelarmos. Tentamos "agir de forma natural". Ou descobrimos que mal conseguimos mover nossos lábios para perguntar se poderíamos pegar um pequeno fio da roupa da pessoa para a coleção do nosso fã-clube.

A proximidade com o poder, seja o nosso ou o dos outros, faz com que nos sintamos desconfortáveis porque, intuitivamente, sentimos que algo pode ser dito ou feito que poderia mudar nossa vida de um modo que desconhecemos. Sentimos as possibilidades, mas não temos certeza. Essa incerteza nos deixa desconfortáveis, embora, ao mesmo tempo, nos envolva fortemente.

Por um lado, podemos ficar atraídos por esses aspectos desconhecidos. *Talvez* o astro de cinema irá se virar e dizer olá, ou *talvez* nosso chefe esteja pensando em nos promover. Esses "talvezes" são emocionantes; eles atraem nossa atenção. Por outro lado, o poder com todos os seus aspectos desconhecidos pode ser amedrontador. Talvez sejamos promovidos para gerenciar um novo projeto de liderança e então descobrir que o presidente da empresa considera todo o esforço questionável e, provavelmente, um mau investimento. *Talvez* nosso novo projeto seja uma proposta perdedora, e o trabalho árduo e a carreira dos membros de nossa equipe estejam em risco. *Talvez* estejamos planejando testes clínicos para um novo medicamento promissor contra o câncer, mas teremos de rejeitar solicitações de pacientes aflitos cujas vidas detemos em nossas mãos. Esses "talvezes" são aflitivos e atraem nossa atenção.

As incertezas do poder podem nos fazer ansiar pela simplicidade. É possível desejarmos retornar à nossa infância quando nossos pais detinham todo o poder e nós não precisávamos nos preocupar com os aspectos desconhecidos da vida. Ou podemos querer ser como a juíza Judy — como seria confortável ter alguém dizendo "todos de pé" quando entrássemos no recinto. No

*Judge Judy Show,** sabemos quem detém o poder e quando as decisões serão tomadas. Gostaríamos que o poder e a autoridade pudessem ser conduzidos de modo que a vida pudesse ser simples, sem surpresas aparecendo num elevador, numa maleta ou em nossa mesa.

No entanto, o poder no trabalho, como todo o resto, é complexo, fluido e ingovernável. O poder nunca fica num único lugar, mas está constantemente se deslocando e se transformando. Num minuto o cliente tem todo o poder para assinar um contrato. Uma vez assinado, o poder se desloca e *nós* somos o empreiteiro responsável pelo novo projeto de construção do centro da cidade de 350 milhões de dólares. Num minuto nosso colega está fazendo o discurso de venda, e no momento seguinte nosso cliente se vira para nós e pergunta: "O que você acha?" O poder se desloca de pessoa para pessoa; no que se refere ao poder, não há roteiros. O que dizemos ou fazemos no momento pode ter conseqüências de longo alcance. O modo como nos conduzimos — nos comprometendo, expressando nossa opinião, permanecendo calados, correndo riscos — pode colocar em jogo ações irreversíveis com as quais nós e os outros precisaremos conviver.

O poder exige que lidemos com o trabalho à medida que ele se desenrola — de forma direta e sem hesitação. Não deixa espaço para queixas, desculpas, ensaios ou impulso cego. Exige que sejamos fluidos e engenhosos, apresentando idéias de forma precisa, promovendo a confiança, ouvindo com atenção, compartilhando a autoridade, transigindo, persuadindo e muito mais. Em suma, o poder exige confiança. E por mais estranho que pareça,

---

* Programa de televisão americano que mostra uma espécie de tribunal onde se resolvem vários tipos de casos. (*N. do T.*)

nosso desconforto com o poder é a chave para a descoberta dessa confiança dentro de nós.

Se examinarmos de perto nosso desconforto com o poder, descobriremos que não é uma inconveniência nem uma fraqueza, mas sim um impulso físico para sermos atenciosos no momento. Nosso corpo está nos dizendo — mesmo quando simplesmente ouvimos a palavra *poder* — que há riscos iminentes e que precisamos estar alerta e ser precisos. Estar consciente do nosso nervosismo, em vez de assustados com ele, coloca-nos em estado de prontidão. Sabemos instintivamente que o poder exige nossa atenção no momento imediato. O coração pode estar acelerado, a boca pode secar, ou a respiração pode começar a acelerar, mas não precisamos ficar apavorados com esse nervosismo. Esse desconforto é a ponta afiada da nossa própria inteligência renovada nos despertando. Ao desacelerarmos conscientemente, respirando fundo e apenas estando presente, descobriremos de imediato a confiança que estamos buscando.

"O poder é amedrontador" nos incentiva a estarmos atentos ao nosso desconforto com a autoridade, seja a nossa própria ou a de outras pessoas. Ao trazermos nossa consciência para o desconforto, descobrimos que *já* somos naturalmente alertas — intranqüilos, talvez, mas bem preparados e atentos.

"O poder é amedrontador" sugere que esse nervosismo pode se tornar nosso melhor amigo. Não precisamos ensaiar o que vamos dizer ou fazer. Simplesmente respiramos fundo e relaxamos na intensidade do nosso desconforto. A partir dessa posição de clareza irascível, podemos aprender a adiar nosso impulso para aliviar o nervosismo. Podemos aprender a refrear nossa pressa para nos sentirmos confortáveis. Em vez disso, permitimo-nos ficar incertos e contar com nosso senso natural de oportunidade e abertura para nos guiar enquanto a situação se desenrola. Talvez a pessoa que está nos entrevistando para um emprego pareça distraída e desinteressada; em vez de ficarmos perturbados com as distrações, permanecemos conscientes. Instintivamente, pedimos um copo de água, e um momento humano se revela. Em nossas visitas de vendas, ficamos esperando no saguão: em vez de ensaiarmos nossa apresentação mais uma vez na cabeça, relaxamos em nosso nervosismo e conscientemente apreciamos o pequeno tédio daquele momento — comum, simples e renovado. Se fôssemos nos encontrar com alguém com o mesmo poder que o presidente dos Estados Unidos, não nos apressaríamos para bater papo, mas poderíamos realmente relaxar de forma consciente em nosso nervosismo e, de repente, descobrir que ele tem uma pergunta a nos fazer.

"O poder é amedrontador" nos estimula a suspeitar se estamos desconfortáveis demais com nosso próprio poder. Podemos ter a autoridade para aplicar multas de trânsito ou emitir receitas médicas, declarar falência ou guerra, assinar um contracheque ou um contrato de bilhões de dólares, mas, em cada exemplo, deveríamos nos sentir um pouco amedrontados com nossa própria autoridade. Meu professor de budismo, Chögyam Trungpa Rinpoche, era famoso por manter a si mesmo e a seus alunos em tal estado. Ele chegou ao ponto de fixar uma ponta afiada no encosto da sua cadeira para lembrar a si ou a qualquer um que ali se sentasse que não era possível recostar e relaxar ao se ensinar budismo. Do seu ponto de vista, o nervosismo era um bom amigo a quem deveríamos ouvir e respeitar. Quer estejamos exercendo o poder ou sendo governados por ele, deveríamos permitir que o nosso nervosismo nos alertasse, mantendo-nos renovados e em sintonia com nossas responsabilidades.

No final das contas, "O poder é amedrontador" nos estimula a nos tornarmos amigos do nervosismo no trabalho, a estarmos intensamente conscientes de quando e como nos sentimos desconfortáveis. É a partir desse nervosismo que descobrimos que podemos ter fé em nós mesmos para sermos confiantes, engenhosos e precisos no momento imediato.

10

Seja cínico

NORMALMENTE, SE NOS descrevemos como cínicos, queremos dizer que suspeitamos das *outras pessoas* de forma singular — temos a capacidade de reconhecer a hipocrisia e os motivos egoístas. Presidentes de empresas milionárias levando-as à falência, políticos exigindo ética, executivos concedendo-se milhões em ações — a lista seria longa e os alvos, fáceis. Sendo cínicos, damos um sorriso torto para nós mesmos com um "Eu lhe disse" estampado discretamente no rosto, sem nos enganarmos com os enigmas previsíveis dos outros. Ironicamente, se fôssemos olhar para a história, descobriríamos que os primeiros cínicos não compartilhavam de tal presunção. Eles suspeitavam bastante para ter certeza — mas basicamente *deles mesmos*, não dos outros.

Os filósofos cínicos da Grécia Antiga ensinaram que, para encontrar satisfação na vida, nosso olhar não precisa ir além de nós mesmos. Eles consideravam o prestígio, o poder político, a riqueza material e a beleza como atrativos falsos, e que deveríamos confiar em nós mesmos e não em prazeres externos para obter satisfação. Como os ascetas, os cínicos se tornaram notórios por desmascararem impiedosamente seus próprios desejos ocultos de "felicidade" material. Muitos cínicos se expuseram de forma intencional a críticas severas de seus professores e levaram vidas de enorme simplicidade — com freqüência ao extremo. Os alunos se envolviam em debates agressivos, escarnecendo-se mutuamente e testando o comprometimento do outro em rejeitar a corrupção dos prazeres mundanos. E, é claro, eles parodiavam a sociedade grega em geral — amiúde em um teatro de rua brilhante e hilário. Embora os cínicos fossem bastante admirados na Grécia Antiga, eles também eram vistos como um pouco rebeldes e estorvos para a sociedade. Seu teatro de rua sarcástico angariou-lhes o rótulo de *kynikos*, ou "assemelhados a cães" — "cínicos". Porém, apesar de sua crítica social mordaz, eles eram, em primeiro lugar, extremamente honestos quanto a *não se enganarem* — examinando seus próprios motivos e não apenas os dos outros.

Tomando uma deixa dos cínicos originais, então, ser cínico é, primeiramente, questionar a si e não aos outros. Em vez de catalogar de forma presunçosa a hipocrisia alheia, nós permitimos que a arguta inteligência do cinismo se torne nossa bússola moral para sermos honestos com nós mesmos. O lembrete nos estimula a primeiro sentirmos nossas inseguranças a respeito do trabalho. Nossas aspirações por coisas tais como reconhecimento do chefe, mais autoridade ou uma promoção para uma posição sênior são válidas, é claro. Todos nós queremos ter sucesso no trabalho. Ser cínico, no entanto, é buscar qualquer desejo de nos desencaminharmos quanto a tais aspirações. Quanto nos esforçamos para receber a aprovação do chefe? O que esperamos obter de tal reconhecimento? Como lidamos com nossa autoridade? Deixamos os outros à vontade ou somos arrogantes e inatingíveis? Ficaremos constrangidos se formos preteridos para uma promoção? Por quê? Ao separarmos cuidadosamente nossas esperanças e nossos medos quanto ao sucesso no trabalho, começamos, aos poucos, a romper os falsos engodos que atribuímos aos nossos empregos e às nossas carreiras. Como os cínicos da Antigüidade, lentamente aprendemos a não buscar além de nós mesmos nosso sentimento de identidade ou nosso valor pessoal. Aprendemos a contar com nossa autenticidade inerente, nosso humor, nosso coração aberto e a mente precisa para alcançarmos a satisfação e o sentido em nossas vidas.

Com o tempo, nosso cinismo saudável torna-se intenso e confiável, uma inteligência que não busca confirmação e é clarividente, realista e destemida. Acostumamo-nos às incertezas do trabalho e distinguimos os engodos: a apresentação bem-encenada para um chefe temperamental, um discurso de vendas perfeitamente executado para atingir "o ponto fraco" do cliente, um relatório de contas redigido de forma impecável para realçar os sorrisos e abrandar as rugas, um discurso de recrutamento que tece um quadro idílico porém unilateral de emprego futuro. Em vez de aceitarmos as falsas garantias e as promessas açucaradas, apenas olhamos mais de perto e consideramos a substância além da superfície, uma atividade árdua, porém inerentemente decente. Ser cínico em tais circunstâncias requer inteligência firme, uma mente clara e presente e um caráter inabalável que não seja seduzido por gratificações externas.

Ao sermos cínicos, talvez vejamos como os outros podem desejar nos manipular de vez em quando. Como não nos enganamos facilmente, não somos facilmente enganados pelos outros. Estar cauteloso de forma tão intensa não requer que sejamos desdenhosos ou desinteressados, apenas dispostos a sermos vigilantes e francos com nós mesmos. Podemos ser extremamente honestos com nós mesmos sem brutalizarmos o mundo à nossa volta.

Na essência de ser cínico está o sóbrio lembrete de que nenhuma promoção, bônus, contracheque, fundo de aposentadoria, benefício — nenhum contrato lucrativo, ligação de prestígio, "tapinha nas costas" ou cargo —, pode nos trazer uma satisfação duradoura. Podemos deixar de desejar que a loteria nos poupe do trabalho e passarmos a ser honestos com nós mesmos. Falsas garantias açucaradas e prazeres momentâneos nunca podem substituir a comodidade de simplesmente sermos quem somos, onde estamos. A sinceridade viva do cinismo não deixa espaço para hipotecarmos nossa autenticidade por insegurança ou indulgência. Ser cínico, nesse sentido, é um gesto nobre de honestidade e um ato de coragem pessoal.

11

Reflita sobre a riqueza

E SE TODO O SEU DINHEIRO e a sua riqueza desaparecessem num instante? Acontece todo dia a milhares de pessoas em todo o mundo, então, considerar tal possibilidade não é tanto exagero. Imagine por um momento que você está desempregado e sem um centavo: o que você faria? Como se sentiria? Veria o mundo como sendo hostil ou prestativo? Se tivesse de viver na rua, tornando-se invisível para os passantes, como lidaria com isso? Se tiver família, eles, provavelmente, ficariam na miséria também. Tal coisa o destruiria ou aumentaria sua sabedoria?

Ficar sem um centavo ou ser incapaz de cumprir com as responsabilidades é algo que não desejaríamos a ninguém. Mas ao pensarmos sobre a riqueza de tal maneira — imaginando-nos repentina e totalmente sem ela, expostos à vida de forma direta, sem a proteção ou as garantias da riqueza — podemos adquirir discernimento sobre nossos medos quanto a ganhar o sustento.

Ao refletir sobre a riqueza, considere o quanto você parece depender da existência do dinheiro. Com dinheiro, podemos fazer muitas escolhas: ter uma casa, tirar férias, aposentarmo-nos cedo e pagar os melhores médicos e as melhores escolas. Sem ele, tanta coisa parece estar em risco: o teto sobre nossas cabeças, o bem-estar de nossa família, nossa saúde, até mesmo nossa capacidade de colocar comida na mesa. O dinheiro parece tocar em algo profundo e forte dentro de nós: nossa paixão para sobreviver. Mas se nossa riqueza desaparecesse, as circunstâncias nos dominariam ou acharíamos outros meios? O que aconteceria se tivéssemos muito dinheiro? Comandaríamos nossa vida? A pessoa que somos é diferente com ou sem dinheiro? Refletir sobre a riqueza nos estimula a considerar essas possibilidades.

"Reflita sobre a riqueza" nos convida a explorar todas as histórias que contamos a nós mesmos sobre o dinheiro e a examinar nossas "neuroses com o dinheiro". Podemos ter dinheiro e ter medo de perdê-lo; podemos tê-lo perdido e o querer de volta desesperadamente. Talvez precisemos de dinheiro e nos preocupemos em obter mais, ou finjamos ter dinheiro porque pensamos e esperamos que ele logo virá. Talvez tenhamos muito dinheiro e notemos que todas as outras pessoas querem um pouco, ou talvez nos sintamos culpados porque nossos filhos se tornaram mimados por causa dele. Ao sentirmos a textura de nossos enredos sobre o dinheiro — a ansiedade física, o incômodo que nos assombra, a liberdade, possivelmente até mesmo a claustrofobia de tudo isso — começamos a ser francos com nós mesmos quanto ao nosso apego ou nosso constrangimento a respeito do dinheiro.

Ao refletirmos sobre a riqueza, podemos sentir os dois lados do dinheiro: ele nos oprime e nos livra; nos seduz, porém, às vezes, nos perturba; nos ajuda a realizar as coisas e também atrapalha. As ironias da riqueza entram em foco: quanto mais precisamos, menos temos; quanto mais temos, mais queremos. Algumas pessoas parecem trabalhar muito e ganhar pouco dinheiro; outras parecem trabalhar pouco e ganhar muito. Ao pensarmos sobre a riqueza de tal maneira, exploramos o dinheiro como um dos paradoxos da vida, abrindo-nos para uma visão mais ampla da natureza volúvel e imprevisível do dinheiro e da riqueza material.

Ocasionalmente, ao refletirmos sobre a riqueza, podemos querer considerar o mundo à nossa volta. As celebridades em processo de divórcio brigando sobre como dividir 120 milhões de dólares; as 48 mil crianças que morreram de fome hoje e têm morrido todos os dias por várias décadas; os trilhões de dólares gastos em ações militares em todo o mundo; o vizinho idoso que sempre ajuda o pedinte com uma ou duas moedas de 10 centavos; os assaltos e assassinatos; as instituições de caridade e os necessitados. Quando expandimos nossa visão de riqueza dessa forma, ela passa a ser não apenas uma preocupação pessoal, mas uma maneira de compreender o mundo à nossa volta.

Refletir sobre a riqueza nos estimula a questionar nossa própria compreensão da riqueza em si. Existe mesmo alguma coisa fora de nós que possa nos oferecer paz ou segurança duradouras neste mundo em constante mutação? O dinheiro e a riqueza material podem *realmente* nos dar confiança e alegria? Precisamos de dinheiro para necessidades básicas, é claro, mas nenhuma quantia pode aliviar, por exemplo, o sofrimento de um filho que luta para sobreviver à leucemia. Nenhuma riqueza pode retardar o envelhecimento de nossos pais ou devolver nossa juventude perdida. O dinheiro não pode nos tornar um artista ou um amigo melhor; nem pode tornar a brisa mais fresca ou o céu mais azul.

Ou, talvez, a riqueza seja uma proposta bem maior. Durante uma conferência intitulada "Riqueza e Autenticidade", um dos participantes descreveu a riqueza como sendo "ter o que é mais importante para você de forma abundante". Quando refletimos sobre a riqueza a partir dessa perspectiva, descobrimos que estamos considerando de fato uma questão bem mais profunda: o nosso senso pessoal de bem-estar. Podemos redescobrir nossa riqueza original, nossa felicidade: o senso natural de autenticidade e prosperidade que é simplesmente o motivo pelo qual estamos vivos? Podemos estar vivos neste mundo incerto e exigente e nos sentirmos à vontade — capazes, confiantes e alegres? Se formos ao cerne da reflexão sobre a riqueza, temos de nos fazer uma pergunta bem básica: podemos nos sentir à vontade em nossa vida?

Desenvolver uma relação sadia com a riqueza e com o dinheiro é um desafio importante do trabalho. Trabalhamos com o intuito de realizar muitas coisas, mas ser remunerado — o contracheque, o bônus, contas a receber, os honorários, ter dinheiro, construir riqueza material — é essencial. Existem muitas respostas fáceis, é claro, ao lidar com o dinheiro: seja preciso e cuidadoso, equilibre o talão de cheque, pague as contas em dia, não roube nem ludibrie, pague os impostos, ajude os outros quando puder. Mas as duras e poderosas questões que o dinheiro apresenta são mais importantes — e refletir sobre a riqueza nos convida a considerá-las. Como nos sentimos a respeito do dinheiro? Ameaçados, constrangidos, confortáveis, obcecados, ansiosos? O que esses sentimentos estão tentando nos dizer? Somos suficientemente criativos para lidar com a vida com menos dinheiro do que temos agora? Nos sentiríamos menos à vontade na vida?

Refletir sobre nossa relação com o dinheiro e, com a riqueza é, obviamente, uma questão muito pessoal e requer um compromisso de nos fazermos perguntas profundas. No entanto, essa investigação não precisa ser opressiva nem privada de humor. No Apêndice intitulado "Reflexões e ações sobre a riqueza" eu ofereço alguns exercícios práticos sobre a riqueza para aqueles que gostariam de ampliar e aprofundar sua compreensão sobre o dinheiro e as posses.

12

Em tempos de risco e estresse, cultive a tranqüilidade

A INCERTEZA ESTÁ TECIDA em tudo que fazemos no trabalho: o lançamento de um novo produto, o início de um novo emprego, a prescrição de um remédio, até mesmo ao atendermos o telefone. Todos os dias, um momento após o outro, lidamos com aspectos desconhecidos do trabalho ao correr riscos. Às vezes, pequenos riscos, como aceitar um cheque de 100 dólares: "Tem fundos ou o cheque voltará?" Outras vezes, grandes riscos, como fazer uma cirurgia de emergência numa criança ferida: "Diagnosticamos os ferimentos corretamente? Removemos todas as obstruções ou esquecemos de alguma? As suturas se manterão?" A incerteza exige escolhas, e correr riscos é uma das grandes exigências do trabalho.

Diante de crises ou riscos no trabalho, costumamos nos esconder nos extremos da hesitação ou da arrogância. Às vezes, subestimamos os riscos que estamos correndo, não conseguindo avaliar o que está em jogo. Talvez sejamos responsáveis por investir a poupança de toda uma vida de outras pessoas em ações e títulos. Ou talvez sejamos um presidente de empresa responsável por conduzir e aumentar os ativos de uma grande organização. As decisões que tomamos nessas funções causam impacto sobre a vida de milhares de pessoas. Seria o cúmulo da arrogância tratar tais responsabilidades de forma frívola. Investir o dinheiro dos outros em fundos especulativos ou, como presidente, aplicar regras de contabilidade "de malabarismo político" para sustentar lucros de curto prazo seria, obviamente, imprudente. Essa autoconfiança extrema representa um sério julgamento incorreto da situação e subestima os aspectos desconhecidos e os riscos.

Por outro lado, podemos superestimar os riscos que estamos correndo, exagerando sua importância. Talvez o mesmíssimo investidor financeiro aplique o dinheiro do cliente de forma conservadora demais, obtendo um parco retorno do investimento. Existem oportunidades a serem consideradas — os segmentos de mercado que têm forte tradição de ganhos, fundos que são suficientemente diversificados para gerir os riscos de forma prudente —, mas ele hesita: "Talvez o mercado entre em baixa amanhã. Deixe-me verificar os balanços das empresas mais uma vez. Talvez na semana que vem eu utilize o software que prevê o desempenho quanto a riscos/ganhos para ver se há probabilidade de ter ou não um bom rendimento." Ou o presidente de uma empresa pode não estar disposto a competir de forma agressiva ao se confrontar com as pressões do mercado. Talvez hesite em investir no desenvolvimento de um novo produto ou em uma nova tecnologia para acompanhar as mudanças. Em vez disso, prefere contratar uma firma de consultoria para examinar o assunto. Marca uma reunião para dali a três semanas a fim de ouvir novas idéias e propostas. Quando superestimamos os riscos, tirando-os da devida proporção, temerosos dos possíveis resultados, congelamos e ficamos indecisos. Essa hesitação ou falta de confiança é algo tedioso e vacilante, e supervaloriza os aspectos desconhecidos e os riscos.

A fim de evitar os extremos de arrogância e hesitação, temos, primeiro, de ser claros quanto àquilo com que estamos lidando. Quando assumimos riscos, sentimos uma gama de fortes emoções. Podemos nos sentir intrigados, confusos, empolgados ou temerosos. Quanto maior o risco que sentimos estar correndo, mais complexos e desafiadores são os nossos sentimentos. No entanto, não deveríamos considerar essas emoções fortes problemas ou distrações. Em vez disso, elas são nossos instintos naturais, nossa inteligência inata, que pode nos ajudar a administrar a incerteza, *se soubermos ouvir*. Se tentamos ignorá-las, tratando-as como distrações ou preocupações desnecessárias, provavelmente estamos sendo autoconfiantes em excesso e podemos estar subestimando os riscos. Se prestamos atenção aos nossos sentimentos, angustiando-nos diante das possibilidades, é provável que estejamos hesitando, carecendo de confiança e superestimando os riscos. Ouvir nossas emoções de forma adequada em tempos de crise ou risco a fim de descobrir por que elas desejam nossa atenção requer equilíbrio e postura.

Para alcançar tal domínio próprio em momentos estressantes podemos aplicar o esforço de consciência de deixar correr — deslocando nossa atenção repentinamente dos nossos pensamentos para o imediatismo do nosso ambiente físico. Ao estarmos repentinamente conscientes dessa maneira, descobrimos uma tranqüilidade visceral, um “espaço emocional” de *não saber*, como abrir a porta de um quarto pouco familiar ou pular de um trampolim. Quando estamos conscientes no momento imediato, o fluxo caótico de emoções não compete mais pela nossa atenção tal como uma multidão de vozes altas e indisciplinadas. Em vez disso, elas se concentram e se instalam em um sentimento físico, indistinto e obscuro, mas não menos poderoso — um frio no estômago, uma suavidade no coração ou uma sensação agradável na garganta. Nossos sentidos, por outro lado, tornam-se bastante vívidos. O som do telefone tocando é preciso e distinto. A umidade ou o frescor do ar não é mais o fundo de cena, mas é plenamente vivenciado. Nossa pasta surrada, em toda a sua familiaridade, é rica em detalhes. Descobrimos que nossas emoções são, na verdade, instintos corporais — viscerais, disponíveis e informativos. E nosso estado de prontidão nos dá a precisão e a confiança necessárias para agirmos.

Ao deslocarmos nossa atenção para o cenário físico em tempos de crise ou risco, reconhecemos que nossos sentimentos familiares de controle desapareceram e, ironicamente, estamos ao mesmo tempo alertas e instintivamente abertos às circunstâncias, surpreendentemente calmos e serenos. Esse espaço pode ser desconfortável, uma vez que não há indicações emocionais conhecidas nem respostas confiáveis, e nosso impulso para buscar garantias e conclusões pode ser bastante forte. Nossa prática de consciência, porém, nos instrui a parar e descansar na "tranqüilidade do que não é familiar". Por um momento não temos nada a que nos agarrar — estamos apenas instintivamente alertas, criativos e abertos à situação.

Ao superarmos o desejo de resolver nossas emoções e travar amizade com essa tranqüilidade, finalmente descobrimos a base para tomarmos decisões difíceis e arriscadas. A partir desse espaço aberto, podemos reconhecer nossas ansiedades e poderosas emoções de forma equilibrada, permitindo que elas desempenhem sua função de nos alertar para as possibilidades. O frio no estômago pode nos lembrar de ligar para nosso cliente mais importante antes de fazermos um investimento crucial. Aparentemente, sem mais nem menos, compreendemos a melhor maneira de financiar uma oferta competitiva. Sentimos uma onda de alívio, uma calma física, fazemos a ligação e fechamos o acordo. Uma dúvida remanescente nos faz verificar pela última vez antes de fecharmos a ferida na perna da vítima de um acidente, e de fato descobrimos um pequeno caco de vidro. Com o tempo, descobrimos que nossas emoções e nossas sensações corpóreas estão, na verdade, guiando, e não distraindo, nossas decisões, instigando-nos a considerar nosso instinto de forma mais decidida e respeitosa. Aprendemos a ouvir através da tranqüilidade de nossos sentimentos, nosso ambiente de trabalho, nossos concorrentes, nossos colegas. Ao aprendermos a permanecer calmos em território pouco familiar, descobrimos que estamos expressando a exata confiança que buscamos o tempo todo: uma confiança guiada pelo instinto e pelo discernimento, que é livre da ansiedade da hesitação ou da cegueira da arrogância.

Desenvolver nossa capacidade de ouvir nossas emoções e nosso corpo em tempos de estresse e risco requer que nos exercitemos com cuidado nas disciplinas de conscientização. Além da meditação sentada, a técnica mais eficaz que tenho usado para ouvir profundamente a sabedoria física do corpo é uma prática chamada de focalização, desenvolvida pelo Dr. Eugene Gendlin da University of Chicago. Ele e sua colega, a Dra. Flavia Cymbalista, uma economista da Berlin Free University, passaram muitas horas treinando e me orientando a ouvir a linguagem do corpo enquanto ele tenta guiar e inspirar minhas decisões. Recomendo fortemente o aprendizado desse método de concentração como uma poderosa ferramenta para tomar decisões financeiras firmes, desbloquear a criatividade atravancada, resolver conflitos ou simplesmente ouvir com atenção o que seu corpo está tentando lhe dizer. (Acesse o *site* www.AwakeAtWork.net para mais informações sobre essa técnica.)

"Em tempos de risco e estresse, cultive a tranqüilidade" não propõe mágica para tomarmos decisões difíceis e corrermos riscos. Precisaremos ser cuidadosos e realistas. Precisaremos trabalhar as dificuldades e cometer erros. Às vezes, precisaremos ter a coragem de seguir nossas convicções e possivelmente correr riscos que complicam nossa vida e a dos outros. Mas, acima de tudo, precisaremos contar com nossa confiança inerente para permanecermos tranqüilos em território pouco conhecido, ouvindo de modo profundo e preciso.

13

Cultive a mentalidade da "pia de cozinha"

TODOS NÓS JÁ ESTIVEMOS em cozinhas sujas. Talvez na faculdade tenhamos sido um pouco desleixados ou tivéssemos companheiros de quarto que ignoravam a higiene, e nossa cozinha era um lugar imundo e desagradável de visitar. Ou talvez tenhamos parado em um restaurante de beira de estrada uma vez e notamos o cozinheiro-chefe espirrando sobre a grelha gordurosa onde nosso hambúrguer crepitava. Permanecer em lugares assim pode nos deixar enjoados e irrequietos. Os odores azedos e o chão pegajoso, as latas de lixo transbordando e os alimentos não refrigerados nos causam repulsa, e sentimos que queremos escapar de algo profunda e visceralmente errado.

Ao arrumar uma cozinha dessas, uma das primeiras coisas que faríamos seria verificar se a cozinha está preparada para o serviço. Nos certificaríamos de que temos sabão suficiente para lavar pratos, esponjas e palhas de aço. Esfregaríamos a pia e o balcão, e talvez usássemos alvejante para eliminar quaisquer bactérias e qualquer tipo de contaminação. Enquanto trabalhássemos, a pia da cozinha se tornaria íntima, confiável e familiar: a torneira ligeiramente frouxa, a prateleira que sustenta o sabão, o escoamento gasto. Ter uma pia de cozinha limpa faria com que a desordem e o lixo parecessem repentinamente menos complicados. Apesar dos odores azedos e do chão pegajoso, nós poderíamos começar a nos sentir mais otimistas.

As pias de cozinha nos ajudam a tratar o mundo de forma adequada. Podemos prestar atenção aos detalhes e preparar uma refeição. Quando estamos limpos e completos, podemos preparar um local saudável no qual as pessoas possam comer e conversar, e limpar depois. Enquanto enxaguamos as verduras, limpamos as tábuas e as baixelas e lavamos cada um dos pratos e dos utensílios com água quente, nos sentimos renovados e satisfeitos com a sensação de fazer tudo bem-feito e cuidadosamente. Essa mentalidade da pia de cozinha pode ser uma maneira profunda de estar no mundo.

Cultivar uma mentalidade de pia de cozinha nos estimula a tratar nossa mente como a pia de cozinha em nossa busca pelo sustento. Em vez de cuidarmos dos problemas utilizando "tudo *menos* a pia de cozinha", na verdade *começamos* com "a mentalidade da pia de cozinha": nova, organizada e completa. Primeiramente, desenvolvemos uma abordagem precisa e cuidadosa em relação às coisas básicas. Nossa mesa está em ordem? Utilizamos os suprimentos, as ferramentas ou os arquivos de forma precisa? Seguimos o que dizemos? Estamos atentos ao nosso vestuário e às nossas maneiras e falamos de forma clara e decidida? Tudo tem o seu lugar, e somos vistos como claros, transparentes e precisos num mundo de trabalho complicado e ingovernável?

Ao cultivarmos tal precisão, podemos nos sentir inteiros e livres de dúvidas e complicações ao nos relacionarmos com nossos colegas de trabalho. Passamos a ter grande satisfação em fazer as coisas de forma adequada. Como estamos dispostos a ser conscienciosos e ordeiros, as pessoas recorrem a nós, não apenas porque podemos resolver seus problemas, mas porque expressamos uma sensação natural de inteireza. Não tememos as panelas e frigideiras pegajosas nem a geladeira suja. Nossos colegas acham tal confiança algo fidedigno e inspirador.

A mentalidade da pia de cozinha naturalmente se importa com o mundo e tem satisfação em fazer as coisas de forma correta — não no sentido de que queremos tomar a responsabilidade dos outros e tentar resolver todos os problemas do mundo, mas porque sentimos o desejo de limpar nosso mundo e não deixar uma bagunça para os outros. Esses sentimentos não são sonhadores; eles são tão instintivos e pessoais quanto querer manter a *nós mesmos* limpos e saudáveis. Meu professor, Chögyam Trungpa Rinpoche, atribuía grande importância à mentalidade de pia de cozinha. Era ao cuidar dos detalhes rotineiros e desordenados da vida que ele nos estimulava a buscar "a mente iluminada". As "vicissitudes" da vida, como ele obliquamente chamava as dificuldades da existência diária, exigiam que fôssemos meticulosos e estivéssemos despertos e renovados, expressando nossa decência e nossa autenticidade naturais. No âmago do cultivo da mentalidade de pia de cozinha está um profundo respeito por um mundo que se tornou nitidamente familiar: nosso trabalho e nosso mundo são nosso lar e o lar de muitas outras pessoas. Ser preciso, meticuloso e renovado não é um problema. É a atitude natural a ser tomada.

14

Seja generoso consigo mesmo

PODEMOS SER BASTANTE duros com nós mesmos no trabalho. Muito se espera de nós, e atender às expectativas coloca pressão sobre o nosso desempenho. Queremos ser vistos como competentes e capazes — e, então, temos de viver de acordo com as nossas *próprias* aspirações. Horários apertados, desafios complexos, decisões arriscadas e muito mais nos mantêm num ritmo exigente demais. "Seja generoso consigo mesmo" sugere que fiquemos um pouco mais leves, que reduzamos o ritmo e tratemos a nós mesmos de forma honesta.

O princípio básico de ser generoso com você mesmo é simplesmente "tomar uma xícara de chá". Podemos fazer isso de forma bastante literal — fazer uma pausa e saborear uma xícara de chá, apreciando o sabor e o aroma, talvez com um bolinho ou biscoitos e queijo. Diminuímos o ritmo e nos concedemos um momento para apreciar o mundo à nossa volta sem compromisso. Seja um intervalo para o chá, um passeio no parque local ou um momento no bebedouro, ser generoso com nós mesmos, em seu nível mais básico, nos convida a nos afastarmos do ritmo de trabalho de forma deliberada e a apreciar os simples prazeres de estar vivo.

Ser generoso com nós mesmos também nos estimula a ver o trabalho como nosso caminho espiritual e não apenas como cartão de marcação de pontos. Vamos obter alguns grandes êxitos no trabalho. Igualmente importante, vamos cometer erros também — alguns pequenos e que podem ser resolvidos, alguns sérios e difíceis de controlar. É verdade que não perder nossos erros e passos em falso de vista faz parte do jogo. Mas essa contagem não precisa ser nosso foco principal. Quando o trabalho se torna nosso caminho espiritual, admitimos que ele é confuso, que cometeremos erros e que eles são de vital importância para o modo pelo qual aprendemos. Ser generoso com nós mesmos sugere que não precisamos nos punir por erros de julgamento, disparates políticos ou descuido no desempenho do nosso serviço. Estamos num caminho de aprendizado sobre como obter equilíbrio no trabalho, e os erros são lições-chave sobre como fazer exatamente isso. Em vez de sermos duros com nós mesmos por causa dos erros, ser generoso nos convida a ter um olhar renovado, aprender a lição e seguir em frente — ventilando nosso mundo enquanto prosseguimos. Quando somos duros com nós mesmos, somos inevitavelmente duros com os outros. A generosidade com nós mesmos limpa o ar para todos à nossa volta: os colegas de trabalho, os amigos e a família.

Por fim, ser generoso com nós mesmos nos convida a relaxar. Não apenas recostar-se e acender um charuto ou tomar um coquetel, embora isso possa ser bom no lugar e no momento apropriados. *Relaxar* no sentido de que podemos largar o fardo de manter nosso ponto de vista. Em tempos de pressão, podemos nos ver agindo de forma defensiva ou rígida — talvez nos levando um pouco a sério demais. Talvez tenhamos de nos manter firmes quanto à mudança de um prazo ou com um dos membros da nossa equipe de projeto que esteja tendo um acesso de raiva e nos culpando por uma série de problemas. Ser generoso com nós mesmos sugere que podemos nos livrar do pesado fardo de tomar uma posição firme. Podemos nos dar ao luxo de não nos preocuparmos e ouvir e nos adaptar — conviver com a situação mesmo que ela seja difícil e desagradável. Ser generoso com nós mesmos nos convida a apreciar o fato de que sempre que o trabalho — e a vida em geral — não corre do jeito que desejamos, podemos parar, largar nossas bolsas pesadas, conceder-nos uma "xícara de chá" e nos lembrarmos de que não estamos apenas fazendo uma tarefa, mas estamos despertos no trabalho.

15

Abra-se

QUANDO ESTAMOS equilibrados no trabalho, lidamos com as circunstâncias diárias a partir de uma perspectiva simples, porém poderosa: estamos *abertos*. Sem nossos ensaios, estamos conscientes e disponíveis, precisos em nossa conduta e familiarizados com nossos sentimentos e instintos. Nossa mente, nosso corpo e nosso cenário físico se sincronizam, e nosso trabalho torna-se tanto arte quanto ciência, espontâneo e planejado, relaxante e exigente. Ao estarmos abertos em nosso trabalho, também descobrimos que o cenário à nossa volta não pode ser ignorado. O lugar onde nos encontramos não é apenas uma paisagem fugaz, distante e um tanto bidimensional. Nossa mesa, clientes e colegas, a copa e o elevador, todos compartilham e exibem uma inteligência viva que perpassa cada momento e avança em todas as direções. Descobrimos que não apenas *nós* estamos abertos, mas a situação também está profundamente aberta: intensa, convidativa e estranhamente brincalhona.

Despertar para essa abertura mútua é algo que pode acontecer e de fato acontece de forma muito natural, não exigindo nenhuma outra técnica que não seja simplesmente ser humano. Apenas notar uma folha de outono cair na calçada ou o vapor ascender de forma suave de uma xícara de café quente pode imediatamente revelar a vastidão dessa vida. Às vezes, sobretudo quando o tom e o ritmo do trabalho parecem ser menores, podemos decidir deliberadamente nos lembrar de despertar: estar aberto e reconhecer a abertura do ambiente de trabalho.

Em qualquer momento do dia, podemos nos abrir utilizando estes quatro passos simples, que discuto a seguir: 1. Observe, pare e respire; 2. Aprecie a abertura mútua; 3. Volte ao trabalho; 4. Permaneça aberto.

Observe, pare e respire

Estar aberto se inicia com o processo de interromper nossas mentes. Podemos fazer isso estando conscientes de quase tudo. Nosso sapato pode estar desamarrado; nosso chefe pode estar saindo depressa pela porta; uma tela de computador pisca; um cachorro late. E, de repente, notamos que o nosso mundo está simples e energeticamente *acontecendo*. Observar o simples momento presente faz nossa mente parar de imediato. Esses momentos são sinais para que relaxemos mais, para diminuirmos o ritmo ainda mais. Assim que damos uma pausa e observamos o momento imediato, paramos naturalmente. É como se houvesse um convite gentil para nos estendermos — uma sensação tranqüila de que não há nada a ser feito e nenhum lugar para ir. Com freqüência, passamos rápido por essa pausa. Por ansiedade ou hábito, por cegueira ou apenas pressa, não percebemos o convite para pararmos e nos afastarmos rapidamente do momento imediato, conversando com nós mesmos ou ficando absortos outra vez em uma tarefa. Mas, nesse caso, reconhecemos deliberadamente a pausa ao inspirarmos de forma profunda e sem pressa.

Aprecie a abertura mútua

Ao inspirarmos, aceitamos o convite para permanecermos com a sensação tranqüila de simplesmente estar presente. Estender-se no momento — mesmo que seja por um segundo — pode ser algo muito pessoal e tocante. Existe uma intensidade em nosso estado de alerta, embora também haja um calor calmo e pessoal — um calmo estado de prontidão. A partir dessa perspectiva, reconhecemos conscientemente que não estamos mais isolados do mundo. Nossos ensaios interiores, a velocidade do trabalho, as preocupações e a solução imediata de problemas não nos isolam daquele momento; estamos apenas abertos, e, surpreendentemente, nosso mundo também está aberto. Tão aberto que o mundo não é o que pensávamos que era o tempo todo. Tão aberto que nossa experiência está além de observar e ser observado, nós e ele, antes e depois. Por um segundo, podemos vislumbrar a vastidão de estar desperto. E, então, de forma suave, apreciamos essa abertura, como se silenciosamente dentro de nós uníssemos nossas mãos e inclinássemos um pouco nossa cabeça em sinal de respeito. Nesse momento, podemos até ter a sorte de reconhecer essa abertura como sendo um velho amigo.

Volte ao trabalho

Assim que reconhecemos essa abertura mútua, trazemos nossa atenção de volta às tarefas a serem feitas; literalmente, "voltamos ao trabalho". Fazemos isso não para rejeitar ou ignorar a abertura, mas para evitar confiná-la. Ao nos estendermos demais no reconhecimento da abertura, podemos cometer o erro de solidificar nossa experiência, tornando a abertura um objeto de curiosidade em vez do que ela realmente é: este exato momento, completamente livre de quaisquer compromissos ou pontos de referência. Ao retornarmos ao trabalho, abandonamos qualquer vínculo com nossa experiência de abertura e nos deixamos envolver livremente nas circunstâncias enquanto elas se revelam. Às vezes, podemos permanecer abertos enquanto retornamos ao serviço: nosso corpo, nossa mente e nossas ações permanecem sincronizados e lidamos com nosso trabalho com uma consciência elevada, que não possui qualquer inibição ou hesitação. Outras vezes, podemos nos distrair com a velocidade e a excitação do trabalho. Tecendo os velhos comentários, passando às pressas pelo momento presente, nós simplesmente esquecemos de estar abertos. De um jeito ou de outro, está bom — nós apenas retornamos ao trabalho.

Permaneça aberto

Permanecer aberto não é uma questão de conquistar qualquer coisa, de tentar estar presente por períodos de tempo cada vez mais longos. Em vez disso, permanecer aberto é apreciar que a abertura ocorra quer a notemos quer não. Com o tempo, compreendemos que estar aberto não é uma opção que podemos ligar e desligar como um interruptor de luz, mas sim uma condição de estar vivo. Podemos nos alienar, esquecer, ficar absortos em nossa raiva ou ansiedade, ou simples e inconscientemente nos distrair do momento imediato, mas não podemos escapar. Nossos pés ainda tocam o chão e nossa cabeça ainda gira para a direita e para a esquerda; não podemos evitar isso. O momento presente permanece aberto com ou sem nossa atenção. Permanecemos abertos, então, porque não há outra opção.

É claro que isso pode parecer um pouquinho de esperteza demais — "koaniano"* demais: "Você permanece aberto mesmo quando não está aberto. Permanecer aberto acontece mesmo quando você se fecha." Duvidar disso faz muito sentido: não deveríamos nunca aceitar tal promessa sem que nós mesmos a testássemos. Se duvidarmos de tal afirmção — que não temos escolha a não ser permanecermos abertos mesmo quando estamos fechados —, podemos fazer um teste simples: parar nossa mente, observar a tinta preta nesta página branca, inspirar por bastante tempo e sem pressa e, simplesmente, apreciar o que quer que aconteça depois.

---

*Referência ao *koan*. No zen-budismo, frase ou pergunta de caráter enigmático e paradoxal, usada em práticas monásticas de meditação, com o objetivo de dissolver o raciocínio lógico e conceitual, conduzindo o praticante a uma súbita iluminação intuitiva. (*N. do T.*)

PARTE TRÊS

TRABALHANDO COM OS OUTROS

Os 11 princípios desta seção sugerem que podemos desmantelar qualquer resistência ou ressentimento que possamos ter em relação aos nossos colegas no trabalho e adotarmos uma nova abordagem habilidosa e honesta para trabalhar com os outros.

- Acolha o tirano
- Primeiro a pacificar, último a destruir
- Sem culpa
- Pratique a "ausência de credenciais"
- Cultive a arte da conversa
- Evite a compaixão idiota
- Examine as seis confusões
- Ofereça os quatro tipos de serenidade
- Todo mundo só quer quicar a bola
- Trate a todos como convidados
- Testemunhe do fundo do coração

Quando aplicamos esses princípios a nosso trabalho diário, reconhecemos que resistir aos conflitos humanos inevitáveis apenas deixa tudo mais confuso, tornando-nos ineficazes e inúteis e, possivelmente, criando exatamente os conflitos que buscamos evitar. Ao abandonarmos visões fixas de nós mesmos — nosso status, nossas credenciais e nossa autoridade — concedemo-nos a permissão para nos abrir aos conflitos, sermos curiosos em vez de resistentes, flexíveis em vez de rígidos, perspicazes em vez de "corretos". Os 11 princípios da seção "Trabalhando com os outros" salientam que as pessoas que conhecemos no trabalho — colegas, clientes, vendedores, gerentes e subordinados — são todos nossos professores espirituais e nos indicam o caminho para encontrarmos o equilíbrio no trabalho. Como tais, eles são dignos da nossa gratidão e do nosso respeito.

16

Acolha o tirano

AS PESSOAS PODEM ser extraordinariamente irritantes no trabalho. Por diversos motivos, ficamos ofendidos ou com raiva das pessoas em nosso trabalho: um colega que aceita elogios em público por um serviço feito por outra pessoa; um cliente arrogante que nunca parece satisfeito; um fornecedor cheio de explicações educadas por nunca acertar uma entrega; ou, o pior de tudo, um chefe opressor que não costuma pedir desculpas. Podemos nos sentir estranhamente insultados com tais comportamentos e perder nosso equilíbrio emocional, com freqüência de forma desproporcional à verdadeira importância do fato. Às vezes, nossos colegas podem parecer tiranos, possuidores de um poder singular de nos abalar e nos manter acordados a noite toda.

Geralmente, quando nos sentimos oprimidos pelos tiranos, lutamos para tentar nos assegurar de que não temos culpa, que não merecemos tais insultos e injustiças. Podemos reclamar com nossos cônjuges ou parceiros sobre o modo como somos tratados. Quanto mais lutamos, mais o insulto parece aumentar; quanto mais pensamos no tirano, mais perturbador ele se torna. Ficamos planejando uma retaliação, esperando para fazer comentários perspicazes e sarcásticos sobre os modos traiçoeiros do tirano. Enquanto isso, cuidamos de nossa vida de forma desconfortável e defensiva, mantendo-nos protegidos e indisponíveis. Os tiranos têm um jeito de nos deixar desconfortáveis em nossa própria pele.

Quando os examinamos de perto, descobrimos que eles são apenas espelhos de nossas próprias inseguranças e nossos próprios medos. Nossas dúvidas e preocupações transformam os relacionamentos desafiadores em circunstâncias que podem nos aterrorizar. Na verdade, os tiranos são simplesmente situações comuns de desorganização no trabalho, que ganham proporção por causa da nossa falta de confiança. Como estamos preocupados com a possibilidade de *perder* o emprego, um chefe difícil ganha um poder incomum sobre nós — tornando-se um tirano. Como estamos ansiosos com a *possibilidade* de sermos vistos como ineficientes, o colega que faz tudo para chamar atenção ganha um poder extraordinário sobre nós — tornando-se um tirano. Como estamos incomodados com a *possibilidade* de que nosso emprego saia do controle, o cliente arrogante parece ter o nosso futuro em suas mãos — tornando-se um tirano. Os tiranos são convites perfeitos para nos olharmos no espelho e examinarmos nossa busca fútil por segurança num local de trabalho incerto.

Reconhecer que estamos, na verdade, criando nossos tiranos — que nossas esperanças e nossos medos são o que abastecem o seu poder sobre nós — é essencial para recuperarmos o equilíbrio. Na tradição budista, aprecia-se muito tomar essas pessoas opressoras e irritantes de assalto. Qualquer circunstância de vida que possa expor nossas inseguranças é considerada um presente a ser bem recebido e explorado.

Pode-se perguntar: "Por que eu iria querer ser amigo de pessoas tão grosseiras? Por que iria acolher tamanha bagunça em minha vida?" Porém, acolher o tirano não precisa ser tão desagradável. Essa tarefa, em seu âmago, pode ser bastante simples e direta. Para acolher o tirano, devemos estar dispostos a abandonar nossa defesa interior — mesmo por um breve momento — e tratar nossos tiranos sem preconceitos. Em geral, os tiranos fazem com que nos agarremos aos nossos pontos de vista e justificativas. Eles nos controlam, fazendo com que nos mantenhamos firmes e nos defendamos. Aqui fazemos o oposto: deixamos correr em vez de nos determos. Ao mudarmos nossa atitude repentinamente, desarmamos os tiranos. Nossas inseguranças interiores não mais dão poder aos atormentadores, dando-nos a chance de ver as circunstâncias de forma clara.

Uma executiva de vendas, que uma vez estava assistindo a um dos seminários da *Awake at Work*, me disse: "Acolher o tirano parece maravilhoso. Mas não posso ser honesta com o meu chefe. Ele é tão agressivo, gritando e fazendo perguntas nas reuniões de equipe, que ninguém ousa confrontá-lo. Tenho certeza de que ele me despediria imediatamente se eu dissesse o que penso de forma aberta e honesta."

Esse é o nosso medo dos tiranos. Se fôssemos confrontá-los mesmo, estaríamos fazendo um convite à sua desleixada ira, a última coisa que queremos! Mas tal confronto realmente não se faz necessário. Acolher o tirano não requer que, de repente, liberemos todas as nossas frustrações contidas em relação ao nosso chefe no meio de uma reunião de equipe. Começa como um gesto interior simples. Minha sugestão foi apenas esta: "Na próxima reunião, por apenas um instante, abandone todas as suas idéias fixas sobre o seu chefe e apenas esteja ali na sala. Seja curiosa e observe o que está acontecendo. Acolha a situação."

Algumas semanas se passaram e esta executiva falou comigo novamente após a aula:

— Bem, segui seu conselho — disse ela. — Por apenas um breve momento, deixei de lado meu ressentimento em relação ao meu chefe e apenas observei. Com certeza, naquele instante, eu não estava preocupada com o fato de ele ser um idiota, e pude ver o que realmente estava acontecendo.

— O que você viu? — perguntei.

— Bem, em primeiro lugar, que ele estava com pressa. Parecia que precisava estar em outro lugar. Não estava ouvindo e parecia muito distraído. Parecia muito infeliz por estar na reunião ou, pelo menos, dava essa impressão.

— E as outras pessoas na sala, os gerentes de vendas? O que você notou neles?

— Não tinha notado isto antes, mas eles estavam apenas cumprindo uma rotina. Tudo parecia muito encenado e falso. Ah, e eu também notei que eles estavam escondendo várias notícias boas. Um dos rapazes de minha equipe evitou nos contar sobre uma importante venda que ele acabara de fechar. Ocorreu-me que até mesmo dar boas notícias tinha se tornado um risco enorme. E a minha melhor gerente de vendas parecia extremamente entediada. Por um momento, pensei que talvez ela estivesse pensando em arrumar um emprego em outro lugar.

— O que você descobriu? — perguntei.

— Bem, meu chefe ainda me deixa nervosa, isto é certo. Mas eu posso ignorar e, pelo menos por um momento, ver a situação sem ansiedade. Até então, eu não havia percebido que meus funcionários estão se retraindo, as notícias boas não estão sendo dadas e minha melhor gerente está entediada com toda essa confusão.

A executiva de vendas tinha aprendido que acolher o tirano era um exercício de simplesmente ficar curiosa sobre o que a oprimia. Para sua surpresa, seu tirano ficara desarmado — apenas por um momento. Os efeitos de cegueira causados por suas próprias ansiedades tinham diminuído, e ela podia ter uma imagem mais clara do que realmente estava acontecendo — com ela mesma, com seu chefe e com sua equipe de vendas.

Ao acolhermos o tirano dessa maneira, repetidas vezes, aos poucos ficamos relaxados para abandonar nossas inseguranças quanto àqueles que nos irritam. Descobrimos que muito do que nos incomoda é resultado da nossa própria criação. O colega que não diz "bom dia" não está nos insultando. Olhamos mais de perto e descobrimos que sua vida pessoal desmoronou e ele está prestes a se divorciar. Ele está triste e fechado em si — não está fazendo grosserias nem insultando alguém. A nova funcionária que interrompe as reuniões não está sendo desrespeitosa. Olhamos mais de perto e descobrimos que ela está apenas nervosa e, um pouco sem jeito, tentando se ajustar.

Acolher o tirano aguça nossa inteligência e nossa confiança, tornando-nos mais eficazes e versáteis. Com o tempo, nossa ansiedade em relação aos tiranos se dissolve, transformando-se em astuta curiosidade. Por que nossa colega está se constrangendo em público atribuindo-se um mérito que não existe? O que na vida de nosso chefe o deixa com raiva, distante e arrogante em relação aos seus subordinados? Ao acolhermos o tirano, aprendemos a examinar as circunstâncias opressoras bem de perto, e não afastá-las — para acolher o tirano, não para destruí-lo. Ao fazê-lo, encontramos uma coragem que nos liberta para sermos notavelmente habilidosos, a fim de lidar com as circunstâncias irritantes do trabalho.

17

Primeiro a pacificar, último a destruir

LIDAR COM OS CONFLITOS no local de trabalho e os difíceis problemas dos negócios pode ser algo desafiador. Talvez precisemos dar um feedback duro a um colega ou motivar um subordinado que ficou decepcionado e chateado. Ou talvez nosso negócio não esteja indo bem, e precisemos cortar custos e dispensar empregados. Talvez tenhamos deixado de cumprir um prazo, o que perturbou nosso chefe e confundiu nosso cliente, e precisemos limpar o ar rapidamente e voltar aos trilhos. Essas dificuldades são inevitáveis no trabalho.

Muitas pessoas tentam evitar os problemas sendo prudentes e excessivamente amistosas ou otimistas. As notícias ruins ou as diferenças de opinião podem nos deixar rígidos ou na defensiva, recusando-nos a aceitar responsabilidades, incapazes de ouvir, aprender ou nos adaptar. O conflito pode nos tornar arrogantes e fazer com que rejeitemos todo o resto, ou pode fazer com que nos sintamos fracassados ou pensarmos que não gostam de nós. Todavia, relacionar-se com os conflitos e as dificuldades não precisa ser tão penoso. Lidar com os conflitos com habilidade — sendo responsável, tomando decisões sábias, sendo criativo, ajudando os outros — pode ser uma fantástica oportunidade de crescimento, tanto profissional quanto espiritual. Uma maneira budista tradicional de trabalhar de forma eficaz com o conflito é aplicar o que se chama de princípio de Mahakala.

No budismo tibetano, o Mahakala é uma imagem conhecida porém perturbadora, um ser feroz com quatro braços, adornado com ossos e armas. Com uma postura régia e ameaçadora, o Mahakala é a versão tibetana de um anjo da guarda. Os meditadores confiam nos poderes dele para ajudá-los a lidar com todos os tipos de conflitos e dificuldades que surgem na vida diária. No entanto, o Mahakala não é uma criatura que se acredita estar flutuando em algum céu ou inferno ou movendo-se furtivamente em nosso jardim. Ele está muito mais perto que isso. O Mahakala é muito real e poderoso porque representa nossa capacidade inata de promover o que é certo e sadio, e eliminar o que é errado e prejudicial. Fazer o que é certo e afastar-se do errado é muito comum: fazemos isso todo dia. Não jogamos lixo no quintal do nosso vizinho; não roubamos o comerciante local. Damos uma ajuda quando necessário e ensinamos nossos filhos a respeitarem os outros. Por que, então, esse comportamento tão natural é representado por uma imagem tão inquietante?

A postura feroz do Mahakala é um alerta: ser impulsivo ou arrogante quanto a saber o que é certo e errado, principalmente durante os conflitos, pode ser desastroso! Podemos apenas estar buscando o melhor para todos, mas insistir no que é "correto" para os outros sem ter avaliado plenamente toda a situação pode ser o cúmulo da arrogância e resultar em oportunidades perdidas, amizades desfeitas ou até mesmo guerras. O Mahakala adota uma postura feroz para nos alertar para tais riscos e para nos ensinar lidar com os conflitos e as dificuldades de forma precisa. Fazer o que é certo e decente não deixa espaço para o desleixo ou a frivolidade.

Se examinássemos o Mahakala mais de perto, veríamos que ele carrega quatro armas: um cálice em forma de crânio cheio de um remédio mágico, uma faca em forma de gancho, uma espada e uma lança de três pontas, ou tridente. Essas quatro armas representam as quatro fontes interiores, chamadas tradicionalmente de as quatro ações, que nos ajudam a lidar com os conflitos com habilidade: pacificar, enriquecer, magnetizar e destruir.

Pacificar

Pacificar, representado pelo cálice em forma de crânio (cheio de um remédio calmante), é nossa capacidade de primeiro lidar com os conflitos de forma suave e pacífica. Freqüentemente vemos as dificuldades nos negócios como confrontos, repletos de energia incontrolável e aspectos desconhecidos. Ficamos tensos, física e psicologicamente, querendo eliminar o conflito. Podemos querer escapar do desconforto com desculpas ou mentiras inofensivas, ou resistir às críticas e defender nossos pontos de vista, sentindo que temos um ponto a provar.

A pacificação é nossa capacidade de abandonar toda essa luta e escolher *primeiro* ser curioso quanto aos outros. Quando apaziguamos o conflito, reconhecemos que nossa defesa é desnecessária, um peso psicológico que está obstruindo a solução do problema. Sem ele, podemos concentrar a atenção na outra pessoa e no conflito real. O que, na verdade, está em jogo aqui? O que a outra pessoa *realmente* quer dizer? O que ele, ou ela, gostaria que acontecesse? Por que a pessoa está tão chateada, e o que eliminaria essa aflição? Ouvir, fazer perguntas, avaliar o ponto de vista do outro, expressar gratidão, buscar esclarecer — todas essas atividades são apaziguadoras. A pacificação nos estimula a abandonar a mentalidade de "luta ou fuga" e utilizar uma curiosidade leve e flexível em relação aos conflitos e às dificuldades. A pacificação estabelece os fundamentos para a aplicação das outras três ações.

Enriquecer

O enriquecimento, representado pela faca em forma de gancho (que transforma matéria-prima em alimento), é nossa capacidade de apoiar e motivar os outros — até mesmo nossos adversários — durante os conflitos. Geralmente, durante os conflitos, preferimos proteger *nosso* território, preservando *nossos* recursos, expressando *nossas* opiniões, apoiando *nossos* aliados, alcançando *nossos* objetivos. Quando enriquecemos a situação, reconhecemos que não precisamos nos limitar a uma perspectiva tão estreita; podemos explorar um conjunto muito mais amplo de possibilidades para auxiliar a situação, muito mais que simplesmente fortalecer e expandir nosso ponto de vista. Dar perspectiva, buscar opções, promover soluções ganha/ganha, dar assistência, revelar pontos em comum entre as posições, fazer concessões, contar histórias que esclarecem um ponto, construir alianças — todas essas atividades são enriquecedoras. Uma vez que pacificamos com suavidade e curiosidade, podemos ser generosos e promover uma resolução sadia ao inspirar os outros a se sentirem habilitados e apoiados.

Durante uma missão na minha carreira editorial, fui solicitado para liderar a reorganização de uma força de vendas global de 300 pessoas. Muitas delas teriam novas tarefas e novos gerentes, e algumas seriam solicitadas a se mudar para outras cidades e outros países. Algumas iriam até perder seus empregos. Como em toda reestruturação, as pessoas ficaram preocupadas com o futuro, e nós nos esforçamos para comunicar a nova organização de modo rápido para que os representantes e gerentes de vendas pudessem permanecer focados no negócio e não nas ansiedades. No entanto, uma gerente de vendas na Europa, Marla, estava resistindo à sua nova tarefa — embora sua função, sua localização e suas responsabilidades continuassem basicamente as mesmas. Durante um agradável jantar em sua cidade natal, eu ouvi suas preocupações.

Marla não queria arriscar seus anos de trabalho árduo ao ser remanejada para outra função. Ela haviam construído uma base de clientes leais no Leste Europeu e não queria confundir seus clientes com novos rostos, um monte de produtos novos e projetos de marketing "vistosos". Estava inflexível quanto a três questões: queria que seu título permanecesse o mesmo; queria submeter seus relatórios de vendas e despesas à sua gerente financeira atual e queria continuar a vender as mesmas linhas de produtos aos mesmos clientes. Do meu ponto de vista, tais solicitações eram todas bastante viáveis — pelo menos no curto prazo. Permitir que ela fizesse as coisas a seu modo quanto a esses três assuntos não era exatamente a solução que a gerência teria preferido, mas suas preocupações significavam muito para ela. Para sua surpresa, eu propus o seguinte acordo:

"Na verdade, nós dois queremos a mesma coisa, Marla: queremos que você seja feliz no seu emprego, queremos que seus clientes sejam bem servidos e queremos que os produtos da empresa sejam colocados na praça e vendidos de forma adequada. Por enquanto, vamos concordar que você mantenha o seu título e sua linha de produtos e continue a enviar suas contas para o escritório de Munique. Mas tem de me prometer que nos encontraremos novamente dentro de três meses para discutir como estão indo as coisas e que você vai manter a mente aberta. Vamos ver como as coisas se desenrolam."

Marla tinha esperado que eu fosse dissuadi-la a ceder por conta da "visão da empresa" e, em vez disso, descobriu que seu ponto de vista estava sendo aceito. Ela sentiu-se enriquecida. Quando nos encontramos três meses depois, como tínhamos combinado, com a reorganização concluída, Marla já não resistia tanto. Na verdade, ela já havia implementado muitos dos novos planos de marketing e estava empolgada com várias das novas linhas de produtos. Ter um novo título e um novo gerente financeiro naquele momento não era mais problema. No caso de Marla, *enriquecer* exigia que a empresa abandonasse seus pontos de vista e esquemas e valorizasse seu ponto de vista, bem como a apoiasse e motivasse a seguir em frente. Ao nos concentrarmos em objetivos comuns, o ambiente enriqueceu-se o suficiente para gerar confiança e impulso, em vez de rigidez.

Magnetizar

Magnetizar, representado pela espada (que ao ser brandida concentra atenção), é nossa capacidade de atrair recursos durante os conflitos. Como ousamos ceder território, também podemos convidar outras pessoas a fazer o mesmo. A resolução de conflitos requer transigência, em que se espera que todas as partes façam concessões, busquem alternativas ou troquem recursos. Magnetizar sugere que, porque apaziguamos e enriquecemos, podemos obter concessões dos outros. Ao modelarmos nossa própria engenhosidade primeiro, podemos, então, convidar os outros a oferecer sugestões e dividir a responsabilidade. A magnetização busca contribuições e recursos das outras pessoas, a fim de superar os conflitos e as dificuldades.

Durante a década de 1990, as margens de lucro e as vendas estavam diminuindo no negócio de aluguel de vídeo e parecia não haver marketing que pudesse deter essa onda. Aluguel de graça, descontos de clubes, períodos de empréstimo prolongados e até mesmo pipoca de graça não conseguiam fazer com que os clientes alugassem mais vídeos. Parecia que os clientes tinham desaparecido. Os estúdios de cinema estavam prevendo o fim das locadoras de vídeo e buscando novos parceiros para distribuir seus filmes. *Pay-per-view* (sistema no qual podemos telefonar ou usar o controle remoto para comprar filmes ou outros programas), TV via satélite, sistemas de vídeo sob demanda e TV a cabo estavam todos sendo anunciados como a onda do futuro.

As perspectivas de negócio para o aluguel de vídeo pareciam sombrias, até que um importante executivo de mídia fez uma observação perspicaz e um gesto verdadeiramente magnetizante. O executivo descobriu que os clientes das locadoras não tinham desaparecido. Na verdade, as locadoras estavam cheias de clientes, mas eles estavam saindo sem alugar nada porque os filmes que queriam não estavam disponíveis. Os clientes, geralmente, alugavam os filmes de um a 21 dias após o lançamento em formato de vídeo, observou o executivo, e se as fitas não estivessem disponíveis durante esse tempo, os clientes, provavelmente, jamais alugariam aquele filme no futuro. O desafio estava em dar acesso aos clientes a filmes recém-lançados naquele período de 21 dias. Infelizmente, havia apenas um número limitado de fitas disponíveis para alugar, e era por isso que os clientes estavam saindo da locadora de mãos vazias.

A fim de solucionar o problema, o executivo fez uma proposta corajosa e magnetizante aos principais estúdios de cinema: quando seus filmes fossem lançados em vídeo, ele dariam às locadoras um número ilimitado de fitas *de graça*.

A princípio, a proposta pareceu absurda. Os estúdios ganhavam dinheiro *vendendo* vídeos, não os oferecendo de graça. Nesse caso, no entanto, o executivo propunha que ao fornecer um número ilimitado de vídeos durante os primeiros 21 dias após o lançamento, nenhum cliente sairia da locadora de mãos vazias, e as vendas e o lucro se elevariam. Para que isso acontecesse, os estúdios teriam de parar de *vender* vídeos e entrar no negócio de aluguel com as locadoras. Eles teriam de fazer negócio de forma muito diferente, oferecendo seus recursos ilimitados e pegando parte da renda do aluguel em troca. Não levou muito tempo para os estúdios fazerem as contas; vemos os resultados nas locadoras locais. Os novos lançamentos estão disponíveis a todos os clientes e é raro ver um cliente sair de uma locadora de mãos vazias. O negócio de aluguel de filmes continua a prosperar até hoje.

Ao convidar os estúdios a fornecerem um número ilimitado de fitas de graça, o executivo estava magnetizando recursos bastante necessários. Em vez de ficar hipnotizado com as circunstâncias adversas, cortando custos sem parar e se defendendo contra as críticas ao setor, o executivo primeiro observou de perto o que o cliente queria, e então magnetizou ao fazer uma exigência com muita imaginação. Todos os envolvidos lucraram com isso: os estúdios tiveram uma receita melhor, as locadoras retomaram a lucratividade e os clientes estavam tendo os filmes que queriam ver no momento.

Destruir

A ação final do Mahakala é destruir, representado pelo tridente, cujos três dentes destroem a raiva, a possessividade e a burrice com um único golpe. Destruir é nossa capacidade de dizer NÃO durante os conflitos. Como primeiro apaziguamos a confusão ao sermos abertos, depois enriquecemos a oportunidade de todos e, finalmente, magnetizamos recursos e concessões, estabelecemos o alicerce para sermos duros. Podemos abandonar um negócio, discordar abertamente da opinião de outra pessoa, dar um projeto por encerrado, confrontar um impostor ou fechar uma empresa porque, primeiro, tivemos a disciplina e a coragem de pacificar, enriquecer e magnetizar antes de destruir.

Quando nos sentimos na defensiva ou maltratados em momentos de conflito, geralmente utilizamos equivocadamente nossa capacidade de destruir. Palavras de raiva, atitudes desprezíveis, decisões repentinas e severas, todas surgem de um desejo de destruir o conflito ou a dificuldade. Recorrer ao "não" como primeiro recurso freqüentemente cria apenas mais problemas. "Primeiro a pacificar, último a destruir" sugere que ouçamos primeiro, apoiemos os outros e busquemos o meio-termo antes de dizermos "Você está despedido" ou "O contrato está cancelado".

Infelizmente, destruir *primeiro* tornou-se um hábito aceito e, às vezes, admirado entre os líderes. Pegue o abominável "Chainsaw" (serra elétrica) Al Dunlap, o executivo largamente celebrado que posou de Rambo na capa da *USA Today* e deu o título de *Mean Business** ao seu best seller de 1996. Famoso por sua arrogância e sua pouca concentração, "Chainsaw" Al era aclamado em Wall Street na década de 90 por sua capacidade de impiedosamente "salvar" empresas tais como a Sunbeam Corporation e a Scott Paper. Como presidente, ele não mostrou lealdade aos empregados e aos fornecedores, nem responsabilidade com a comunidade ou generosidade aos menos favorecidos. Defendia a eficiência e a brutalidade sem seguir quaisquer outros princípios que não fossem o lucro em curto prazo e o dinheiro para si. Não havia espaço para pacificar, enriquecer ou magnetizar para "Chainsaw" Al — apenas destruir.

Mas serrar as dificuldades e os conflitos gera apenas confusão e sofrimento, que é exatamente o que o Mahakala nos alerta para não fazer. Se não formos ameaçados pelo conflito, podemos vê-lo com outros olhos e sermos generosos em espírito e intenção. Podemos nos dar ao luxo de ouvir os outros; podemos nos dar ao luxo de ser imaginativos. Ao prestarmos atenção na sugestão do Mahakala de primeiro pacificar, descobrimos que somos suficientemente engenhosos para sermos audaciosos e estarmos disponí-

*O título do livro possui um sentido ambíguo que tanto pode significar "agir seriamente" quanto "negócio cruel". (*N. do T.*)

veis, livres do medo e da arrogância. Essa confiança sabe, instintivamente, o que necessita de ajuda, o que precisa ser confrontado e o que pode ser desconsiderado. "Primeiro a pacificar, último a destruir" serve como um lembrete para melhorarmos durante os momentos de conflito — para prestar atenção. Com essa prontidão, podemos preservar a sanidade do nosso mundo mesmo em momentos de extrema divergência.

18

Sem culpa

COMO O TRABALHO é uma confusão, é inevitável que cometamos erros. Alguns são pequenos, como discar o número errado, e outros são monumentais, como permitir o lançamento do ônibus espacial *Challenger.* Quando fazemos bem nosso trabalho, tentamos limitar nossos erros. Esforçamo-nos para atingir os objetivos e nunca estragamos tudo de forma intencional. Não gostamos de cometer erros porque eles criam confusão e dúvida, e podem nos causar e a nossos colegas uma sensação de inadequação e constrangimento.

Os erros exigem que refaçamos nossos passos, reparemos o dano e reavaliemos nossos pontos de vista. Em muitos casos, eles podem ser nossos melhores professores, exigindo que aprendamos lições vitais sobre nós mesmos e a maneira como fazemos nosso trabalho. Exigem que paremos para refletir sobre as circunstâncias com cuidado, bem aqui neste momento.

No trabalho, infelizmente, os erros são muito freqüentemente tratados mais como inimigos que como professores. Como eles invadem nossas rotinas, diminuem nosso ritmo, custam dinheiro e destroem nossos planos, o mais convencional é pensar que os erros são inaceitáveis e devem ser "derrotados". Podemos nos ver perseguindo e punindo os erros ou evitando-os "a todo custo". Aprendemos rapidamente que se os erros são o inimigo, então é melhor que sejam cometidos pelos outros.

Quando tratamos os erros como inimigos e não como professores, acabamos, inevitavelmente, nos comportando como covardes. Em vez de assumirmos a responsabilidade, distanciamo-nos dos problemas e das dificuldades. Em vez de encararmos os fatos com responsabilidade e precisão, censuramos ou damos desculpas.

Lembro-me de um colega do setor editorial, Greg, que era extremamente habilidoso na arte de evitar a responsabilidade e colocar a culpa nos outros. Era conhecido como o "gerente de vendas Teflon", porque conseguia cozinhar justificativas sem fim, enquanto garantia que não cometera nenhum erro grudento. Greg conduzindo uma reunião financeira era uma maravilha de se ver. Se um contador salientasse que o departamento de Greg estava acima do orçamento, Greg calmamente se lembrava que ele tinha previsto o excesso há seis meses e estava surpreso por esse ajuste não ter sido feito. Ou se as suas despesas de viagem e de hospedagem estavam altas, ele pacientemente lembrava que cada dólar tinha como alvo fechar um negócio importante. Se alguém questionasse sua baixa previsão de vendas, Greg falava sobre as realidades dos "ciclos de vendas". Se alguém apontasse os seus altos custos de marketing, Greg mostrava uma fatia de mercado em ascensão. Greg era afável, confiante e tranqüilizador, e a gerência adorava seu espetáculo. Inevitavelmente, é claro, Greg ficava encurralado e, da mesma forma, passava a culpa para os representantes e gerentes de vendas que não estavam "fazendo sua parte". O espetáculo de Greg era tão perfeito que quando ele falava da necessidade de despedir aqueles que tinham cometido os erros ele se mostrava angustiado e genuinamente incomodado. Greg era o homem Teflon supremo e também era considerado por muitos o covarde número 1 da empresa.

Quando as organizações tratam os erros como inimigo, os resultados podem ser desastrosos. Na década de 90, dezenas de empresas escolheram o caminho do Teflon e não da prestação de contas: Arthur Andersen, Merrill Lynch, Putnam Investments, Enron, WorldCom e Global Crossing, entre outras. Em vez de reconhecer os fracassos do negócio e aprender com os erros, centenas de executivos dessas organizações decidiram "reafirmar" lucros, registrar vendas questionáveis ou até mesmo manipular preços de ações, a fim de manter a fachada. É claro que quando as acusações criminais e as ações judiciais foram registradas, ninguém assumiu a responsabilidade. Sempre havia outro alguém para se culpar. Quando os erros são o inimigo, o jogo de se esconder e colocar a culpa no outro se torna uma grande arte.

"Sem culpa" nos incentiva a respeitar os erros no trabalho — os nossos e os dos outros. É claro que não precisamos anunciar nossos fracassos de cima do prédio mais alto; na verdade, ser honesto quanto aos erros no trabalho requer tato, humildade e habilidade. Quando permitimos que os erros nos ensinem, discutimos os problemas de forma discreta e ouvimos os pontos de vista dos outros. Tratamos os fatos como amigos e aprendemos maneiras de melhorar nosso trabalho. Talvez tenhamos de chegar a conclusões duras sobre nós e sobre os outros ao longo do caminho. Quando somos honestos quanto aos erros, diminuímos o ritmo e fazemos um inventário completo de nossas circunstâncias. Isso exige que nos abramos plenamente ao desconforto e aos detalhes, em vez de passar correndo pelas situações, encobrindo os erros para recuperar uma falsa sensação de domínio.

"Sem culpa" neutraliza a covardia de evitar nossas responsabilidades no trabalho. Podemos bravamente aprender com nossos erros sem culpar os outros. Essa coragem é, ao mesmo tempo, exigente e reparadora. Como estamos dispostos a ser verdadeiros, precisos e responsáveis, não somos confundidos pelo auto-engano. Como estamos dispostos a ser honestos, não há luta.

19

Pratique a "ausência de credenciais"

AS CREDENCIAIS NO LOCAL de trabalho — nossos títulos, diplomas, símbolos de status e autoridade — podem, às vezes, ajudar a fazer o trabalho e, outras vezes, simplesmente atrapalhar. Confiamos em nossa médica porque ela teve de se graduar em uma escola de medicina reconhecida oficialmente para conquistar o título de Dr. antes do nome. No entanto, também podemos suspeitar dos médicos que freqüentemente parecem estar distantes e não disponíveis e se apressam em propor soluções sem ouvir de verdade. Sabemos que o general de quatro estrelas tem uma profunda responsabilidade ao colocar vidas em risco. No entanto, para alguns de nós, os títulos e símbolos militares são um convite à dúvida e à suspeita, talvez até mesmo à raiva. O presidente da nossa empresa parece ser um sujeito agradável, todavia só falar no título invoca imagens de arrogância e ganância. As credenciais de todos os tipos podem construir confiança ou ser um convite à suspeita, fomentar responsabilidade ou irresponsabilidade, transmitir conhecimento ou mascarar fraquezas.

Nunca podemos ignorar por completo o valor das credenciais, é claro, mas podemos aprender a mantê-las na perspectiva adequada ao praticarmos a "ausência de credenciais". Essa prática começa com a observação do nosso modo de falar com os outros sobre o que fazemos no trabalho e sentir as emoções sutis por trás de nossas palavras. Por exemplo, num jantar ou no bar local, quando alguém inevitavelmente pergunta "Então, o que você faz?", podemos notar que freqüentemente respondemos com um substantivo em vez de um verbo. Em vez de "Dou aulas", respondemos "Sou professor". Em vez de "Construo prédios e pontes", respondemos "Sou engenheiro". Ou podemos passar nosso cartão de visitas para a pessoa: "Detetive — Divisão de Homicídios, Força Policial Metropolitana." Essa mudança aparentemente insignificante de estilo nos faz lembrar de que queremos ser *alguém* no trabalho. Queremos que nosso emprego e nosso meio de vida moldem uma identidade para nós — nos forneçam uma história de quem somos.

Bebemos uma cerveja com uma amiga que conhecemos há pouco e ela pergunta: "Então, o que você faz?" Talvez nos sintamos um pouco expostos com a pergunta, como se alguém tivesse entrado em nossa casa sem se anunciar e de repente se sentasse à mesa de jantar. Queremos fazer o melhor que podemos. Quando respondemos "Sou advogado de casos de divórcio", não sabemos que experiência nossa nova amiga teve com divórcios ou com advogados no passado, então hesitamos um pouco, sem saber se estamos causando a impressão certa. Talvez sejamos particularmente orgulhosos do modo pelo qual ganhamos a vida. Talvez um pouco constrangidos. Podemos reagir com equilíbrio e moderação e dizer: "Sou o presidente da Costa Rica." Ou abaixar a cabeça e murmurar: "Sou lavador de pratos e cozinheiro-chefe do Moldy

Bottom Lounge and Restaurant." Ou até mesmo: "Sou dona de casa." Para muitos de nós, responder a pergunta "Então, o que você faz?" é como subir no palco da vida por um momento para fazer uma declaração fundamental sobre quem somos.

O modo como nos mostramos para os outros — a "história" do local de trabalho que vivemos em palavras, sentimentos e ações — é de primeira importância na prática da "ausência de credenciais". Ao examinarmos nossas histórias com cuidado, sentimos realmente as emoções que investimos na necessidade de ser alguém no trabalho: o vago alívio quando somos apresentados como "Vice-presidente Tal e Tal", o aperto no peito ou o tom de voz quando respondemos a um cliente que nos trata de forma grosseira ou a sensação de solidão quando ouvimos outras pessoas falarem de sua educação universitária — educação esta que nunca tivemos. Quando praticamos a "ausência de credenciais", examinamos esses sentimentos de forma intensa, a fim de desnudar qualquer presunção, empobrecimento, defesa ou cegueira que possamos estar guardando como parte da maneira pela qual nos conduzimos no trabalho. Ao fazê-lo, confrontamos um dos maiores obstáculos para sermos autênticos e eficazes no trabalho: ter o pensamento equivocado de que somos o nosso trabalho.

No entanto, chegar à conclusão de que somos o que está escrito no nosso cartão de visitas ou impresso em nosso contracheque é um risco ocupacional compreensível. Investimos muito em nosso trabalho — 40, 50 ou mais horas por semana, comprometimento pessoal, esforço criativo. Na verdade, investimos nossas vidas. No entanto, apesar do nosso generoso investimento, nosso trabalho não pode nos oferecer uma identidade de verdade. Capitão do porto, motorista de táxi, proprietário, enfermeira — esses títulos não podem nos oferecer uma visão fixa de nós ou do nosso mundo. Como tudo mais no trabalho, as credenciais são fluidas e mudam constantemente. Por mais que tentemos, não conseguimos criar uma versão confiável e impecável de nós mesmos a partir da nossa carreira ou do nosso emprego. E quando esperamos o contrário — quando esperamos que o trabalho traga algo que nunca pode trazer —, ficamos frustrados e nervosos: exagerando realizações, atenuando fracassos, suavizando erros; sentindo-nos arrogantes, desrespeitados, constrangidos ou presunçosos.

Ao praticarmos a "ausência de credenciais", estamos dispostos a examinar esses sentimentos de forma franca, desembaraçando aos poucos os efeitos enganosos de agarrar-se às nossas credenciais. Aprendemos a abandonar os títulos e a pretensão do trabalho e desviamos nossa atenção para sermos autênticos, para sermos quem somos, onde estamos, no trabalho.

Ao abandonarmos nossa preocupação com as credenciais, passamos a confiar mais em nossos instintos e em nossa curiosidade naturais. Naturalmente, ficamos mais curiosos quanto aos outros do que quanto a nós mesmos.

Quando praticamos a "ausência de credenciais" como empregado de um restaurante fast-food, por exemplo, sabemos que não somos nosso uniforme; não somos o enredo. Podemos nos sentir indiferentes ou desconfortáveis quanto a ter um emprego de salário mínimo, e o uniforme que estamos usando pode ser apertado e desajeitado. Mas, por um momento, podemos abandonar a história do empregado do restaurante fast-food e perceber nosso mundo. Vemos todos os tipos de pessoas — jovens e velhos; ricos e pobres; negros, mulatos, amarelos e brancos — que estão com fome. Passamos a compreender e apreciar nosso mundo a partir dessa perspectiva. Algumas pessoas são apressadas e grosseiras, outras são agradáveis, enquanto outras são indecisas ou distraídas. Algumas parecem ter pouco dinheiro para pagar a refeição. Todas esperam na fila — famintas — querendo pedir alguma coisa para comer. Como empregado do restaurante fast-food, podemos única e intimamente apreciar esse mundo. Tornamo-nos uma espécie de especialista em pessoas com fome. Ao praticar a "ausência de credenciais" dessa forma, descobrimos a poesia do nosso trabalho e passamos a ficar profundamente curiosos quanto ao nosso mundo, em vez de preocupados com nós mesmos. Descobrimos que nossas credenciais realmente nos dão uma visão mais ampla do mundo, em vez de apenas um enredo.

É claro que a prática da "ausência de credenciais" não está limitada apenas àqueles que trabalham em restaurantes fast-food.

O Dr. John Coleman era presidente do Federal Reserve Bank da Filadélfia, um dos 12 bancos de reserva que compõem o Banco Central dos Estados Unidos. Como presidente do banco, o Dr. Coleman era membro de uma pequena equipe de estrategistas responsáveis pelo estabelecimento da política financeira, que tinha profunda influência sobre vidas em todos os Estados Unidos e no mundo. Suas decisões afetavam tudo, desde o custo da educação fundamental, passando pela tonelagem de trigo isento de impostos transportado para as nações subdesenvolvidas até o custo do metro quadrado de uma nova rodovia. Porém, o Dr. Coleman não permitia que seu poder e suas qualificações impecáveis o deixassem cego. Sua educação como quacre lhe ensinou que seu status e seu título eram tanto um obstáculo à verdade quanto um veículo para compreendê-la. Contar unicamente com o domínio rarefeito da presidência do Federal Reserve Bank, com seu grupo de economistas apresentando visões estatísticas do mundo, não era suficiente para ele. Para ter uma imagem verdadeira do mundo que ele estava influenciando de forma tão profunda, para ser autêntico como presidente, ele precisava avaliar de forma plena a vida das outras pessoas — suas lutas e alegrias, suas esperanças e seus medos. Então, o Dr. Coleman costumava reservar um tempo para "se colocar na posição dos outros", como ele mesmo expressou, viajando pelo país para cavar fossos, recolher lixo, trabalhar em minas, labutar em salas de emergência e, num dado momento, viver como indigente nas ruas de Nova York. Como presidente do Federal Reserve Bank da Filadélfia, o Dr. Coleman praticava a "ausência de credenciais". Ele abria mão de seu status, seu poder, seu título e suas qualificações, e ocupava-se do mundo *em suas condições* — a partir de uma nova perspectiva de curiosidade interessada.

Talvez não tenhamos tempo para literalmente cair na estrada e nos colocarmos na posição dos outros — embora muitas pessoas façam isso como parte de sua prática espiritual. Mas podemos tornar uma prática o fato de ter consideração genuína pelo ponto de vista dos outros. Vejamos o trabalhador que constrói pontes à beira da estrada quando passamos a 100 km por hora: como ele se sente em estar lá fora colocando uma viga de aço no lugar numa temperatura de 12 graus negativos? A candidata à eleição que aparece na CNN tentando explicar por que ela deveria ser eleita: qual é a sensação de ter tal ambição e estar todo o tempo "no palco"? O cliente na linha telefônica confuso e desanimado por ter recebido o produto errado pela terceira vez: que tipo de frustração ele deve estar sentindo? A analista de sistemas que apresenta nervosa o estudo de custo-benefício: como é genuíno e bem-intencionado o seu desconforto. Ao sermos suficientemente humildes para abandonar nosso enredo e pensar nos outros com cuidado, desenvolvemos uma poderosa flexibilidade mental e emocional que não só nos ensina como o mundo funciona, mas também inspira confiança e respeito mútuo.

Ao praticarmos a "ausência de credenciais", descobrimos como ser verdadeiramente responsáveis. Avaliar como os outros se sentem como secretárias, químicos, padres e policiais nos torna ainda mais cientes de como as pessoas confiam em nós, seja para servir refeições rápidas de forma adequada ou para dirigir um banco que ajuda a eliminar a pobreza. Ao praticarmos a "ausência de credenciais" descobrimos que ser quem somos, onde estamos, no trabalho, é simplesmente apreciar os outros e fazermos o melhor que pudermos.

20

Cultive a arte da conversa

UMA IMAGEM COMUM no local de trabalho hoje em dia é a de um homem ou de uma mulher olhando de modo embasbacado para um computador, batendo de leve no teclado. Muitos de nós poderíamos nos ver nesse quadro. Estejamos enterrados num jornal ou numa tela de computador, dando uma olhada no telefone celular ou assistindo à televisão, a cena é basicamente a mesma: uma pessoa solitária olhando fixamente para um dispositivo eletrônico e mexendo nele de vez em quando. Acostumamo-nos calmamente a lidar com o mundo como pedacinhos de informação. Examinamos palavras e imagens impressas, assistimos ao pessoal do noticiário de TV descrever a vida, apertamos botões para ir para paisagens digitalizadas. Essa abordagem de lidar com o trabalho — nossa vida, de fato — se tornou comum, às vezes, preferível. Mas a imagem da pessoa hipnotizada pelo computador ilustra um risco fundamental ao local de trabalho moderno e deveria vir com um aviso terrível: informação vicia e pode afastar você da realidade.

É claro que a utilização de computadores e o gerenciamento de informações são contribuições essenciais ao trabalho. Nós todos queremos utilizar esses aparelhos facilmente. A informação pode trazer eficiência e liberdade de ação às nossas vidas, fazendo com que tudo, desde os governos até o jardim-de-infância, funcione de forma mais eficaz. O acesso vasto à informação nos proporciona um domínio formidável do mundo, dando-nos o poder de realizar em um dia o que para nossos ancestrais exigia a vida inteira. Mas quando trocamos a crueza da vida por um jogo digital, a comunicação genuína por dados e o contato humano com sentimento por diálogo em forma digital, podemos nos alienar do mundo. Anestesiamo-nos, distorcemos nosso senso de prioridades e nos tornamos indisponíveis aos outros. Uma maneira de evitar a qualidade entorpecedora da tecnologia de hoje é "cultivar a arte da conversa".

Uma boa conversa, seja no trabalho ou em qualquer outro lugar, é uma das grandes dádivas da vida. Estejamos ouvindo o desenrolar de uma história divertida ou recontando um momento agradável e cheio de reflexão, conversar com amigos e colegas pode ser um grande deleite. Mesmo na moderna sociedade de informação, uma boa conversa ainda é uma das maneiras mais agradáveis e eficazes de aprender. Tomar uma xícara de chá com um neurocirurgião, provavelmente, produzirá mais conhecimento sobre a medula espinhal do que vários dias passados explorando a internet. Conversar com um político pode nos dar uma medida mais verdadeira da sua posição do que horas de leitura de literatura de campanha. E, no curso dessas conversas, corremos o agradável risco de fazer um amigo.

No trabalho, porém, geralmente conversamos a fim de chegar a algum lugar — atingir um objetivo. Uma fatia bem significativa da nossa conversa é tão ocupada por entregas, prazos e crises que grande parte da arte da conversa é ignorada. Podemos estar chegando a algum lugar em nossas conversas, mas por não *estar* também em algum lugar podemos não perceber o gracioso papel que as conversas desempenham na promoção de um local de trabalho decente, respeitoso e criativo. Cultivar a arte da conversa nos estimula a considerar nossas trocas no trabalho não apenas como oportunidades de sermos eficazes e cumprirmos nossas tarefas, mas também como momentos valiosos para sermos atenciosos, alertas e autênticos.

A fim de cultivar essa arte, devemos ter em mente as seguintes cortesias das conversas no local de trabalho.

Observe o cenário

A observação do meio físico cria espaço para a conversa: diminuímos o ritmo e apreciamos o momento. Ao observarmos onde estamos, podemos decidir ter uma conversa fora do alcance do ouvido dos outros, endireitar nossa mesa para criar uma atmosfera mais atraente ou simplesmente enfrentar o momento, estando totalmente alerta.

Aprecie o silêncio

As conversas são, inevitavelmente, pontuadas por momentos de silêncio. Essas pausas podem ser ligeiramente desalentadoras, mas podemos nos abster de preenchê-las. Podemos parar e respeitar o momento, deixando que a situação se desenrole em seu próprio ritmo.

Pare de falar e ouça com atenção

O maior erro que podemos cometer numa conversa é não ouvir. Divagar, passar pela conversa, repetir nosso ponto de vista, dispersar, supor que sabemos o que a outra pessoa vai dizer — na verdade, tentando chegar a *algum lugar rapidamente* — é simplesmente insultante. A maior parte do que é comunicado no trabalho não é falado. O tom de voz dos nossos colegas, a postura corporal, a escolha das palavras — até mesmo a colocação de uma maleta ou de uma caneta —, podem oferecer informações sobre o que está realmente sendo dito e do que nossos colegas precisam de verdade. Ao ouvirmos com atenção, estamos completamente disponíveis e atentos, e convidamos os outros a serem igualmente abertos.

Faça perguntas que ajudem

As conversas têm tanto a ver com ajudar os outros a expressar o seu ponto de vista quanto com expressarmos nossas próprias idéias. Expressar nossa curiosidade genuína com perguntas e declarações que esclarecem, resumem, traçam paralelos, constroem o consenso — geralmente ajudando o diálogo a tomar forma e significado — demonstra respeito por todos os envolvidos.

Fale claramente, abstendo-se de expressões duras e jargões

Usar blasfêmias e linguagem degradante no trabalho destrói a confiança e o respeito entre os colegas. Ironicamente, o uso de jargão pode ter o mesmo efeito. Dizer a um colega "A instalação do seu PC à rede de constelação em tempo real RP começará na sexta-feira" em vez de "Vamos colocar o seu computador em rede neste fim de semana" levanta dúvida sobre nossa capacidade e menosprezo por nossas opiniões. Falar de forma clara e direta — economizando no discurso quando os momentos práticos exigem clareza — é um convite para que o mesmo seja feito em retribuição e é a marca de uma mente clara e presente.

Tenha senso de humor

Divertir-nos durante uma conversa é algo bastante humano. Não nos levar a sério demais, aliviar o ambiente com boas historietas, recontar um história instrutiva, fazem parte da poesia e da arte da boa conversa. Não precisamos ser comediantes profissionais, mas manter nosso diálogo leve e descontraído, aberto a mudanças nunca vistas e a comentários de improviso é uma maneira de estarmos vivamente presentes em meio ao ritmo constante do trabalho para realizar tarefas.

Aprecie a coincidência

As conversas, inevitavelmente, levam a possibilidades nunca vistas. Quantas vezes numa conversa dissemos coisas como "Eu não sabia que você tinha trabalhado com ela na companhia XYZ!" ou "Contratei os mesmos serviços — não há razão para não coordenarmos nossa pesquisa de mercado e economizarmos dinheiro" ou "Também estarei em Boston na semana que vem — por que não fazemos a visita de vendas juntos?". As conversas produzem coincidências potencialmente frutíferas — o resultado natural da arte.

Embora as cortesias sugeridas possam ser úteis, o cultivo da arte da conversa é muito mais que um conjunto de regras: é uma capacidade humana profunda de extrair o melhor dos outros e de expressar nossa própria autenticidade. Nossas conversas podem preservar a humanidade do trabalho em meio à nevasca entorpecedora de tecnologia, rapidez e ambição. Podemos, de fato, reservar um momento — na verdade centenas de momentos por dia — para avivar nossa humanidade mútua, observando e ouvindo uns aos outros. Ao estarmos deliberadamente alertas e disponíveis em nossas conversas, demonstramos respeito em relação aos nossos colegas, promovendo uma atmosfera que cultiva o *li* e inspira confiança. Cultivar a arte da conversa, então, se torna um exercício da alegria de equilibrar esforços — estando inteiramente presente e cumprindo as tarefas.

21

Evite a compaixão idiota

QUANDO VEMOS NOSSOS colegas tendo dificuldades no trabalho, naturalmente queremos dar uma ajuda. Ocasionalmente, as exigências do trabalho estão pesando muito sobre um colega, ou talvez um novo desafio deixou alguém perplexo e damos alguns conselhos e algumas orientações com o propósito de ajudar. Às vezes, fazemos um esforço extra e ficamos até tarde no trabalho para ajudar a cumprir um prazo ou chegamos cedo para preparar uma reunião. A ajuda pode ser tão simples quanto escutar enquanto alguém pensa alto, quanto a aceitar um novo emprego ou se mudar para o Arizona. Ajudar os outros é uma parte natural e necessária do trabalho.

Essa ajuda, porém, não é sempre tão simples quanto possa parecer. Algumas vezes, não podemos ajudar. Se temos muita coisa para fazer e não temos tempo, temos de deixar que os outros resolvam os problemas. Ou talvez tenhamos de resistir a ajudar porque fazer o trabalho de outra pessoa cria confusão a respeito de quem é responsável pelo quê. Muitos problemas estão simplesmente além de nossa capacidade, e oferecer conselhos ou ajuda pode piorar as coisas. Então, a ajuda no trabalho exige com freqüência que nós *não ajudemos* — nos abstenhamos de oferecer conselhos, deixemos as perguntas sem respostas, deixemos que os colegas lutem com os problemas. Ser útil no trabalho, na verdade, exige habilidade e senso de oportunidade enormes — saber quando ouvir, quando se afastar, quando assumir o comando, quando aprender em vez de ensinar.

Se não somos habilidosos para ajudar os outros no trabalho, podemos nos esforçar bastante para sermos úteis quando, na verdade, criamos uma confusão maior. O meu professor Chögyam Trungpa Rinpoche chamava isso de *compaixão idiota*. Nesse caso, contamos com uma noção superficial e, no final das contas, egoísta de ajuda, que está basicamente preocupada em eliminar nosso próprio desconforto em vez de dar uma ajuda de fato. Existem numerosos exemplos simples de compaixão idiota que nos assediam no trabalho. A nova recepcionista, ansiosa por contribuir, fica até tarde e rearruma todos os armários de suprimentos, deixando todos os empregados confusos por várias semanas. O representante de vendas, querendo fechar um negócio, não só deixa para trás um quilo e meio de material de marketing, como também envia dois conjuntos extras por Fedex apenas para ser útil. O representante de serviços ao cliente, ansioso por ajudar, pergunta não uma, mas quatro vezes: "Tem mais alguma coisa que eu possa fazer para ajudá-lo hoje?" Esse tipo de comportamento é comum no trabalho — as pessoas tentam ser úteis por nervosismo e, por sua vez, tornam o dia de trabalho um pouquinho mais difícil para as mesmas pessoas que estão tentando agradar. Infelizmente, a compaixão idiota não se limita a confusões bem-intencionadas porém irritantes. Pode tirar carreiras dos trilhos, arruinar amizades e afundar empresas inteiras.

Um dos atos mais comuns de compaixão idiota é não ser honesto com um subordinado quanto a fazer o serviço. Quantas vezes vimos pessoas com baixo desempenho definhar por meses — às vezes anos — em funções além de sua capacidade? Os gerentes evitam o estresse de dizer a verdade e, em vez disso, tornam-se defensivos e protetores do subordinado. Ao querer ajudar, ele protege o empregado da dor de enfrentar o problema, e os dois evitam o fato de que o serviço não está sendo feito. À medida que o tempo passa, ser honesto e franco fica cada vez mais difícil — tenso, desconfortável e com potencial explosivo — e o problema se agrava. Finalmente, as circunstâncias exigem sinceridade. Confrontado com os baixos resultados, o empregado reage com raiva e ressentimento: "Na verdade, eu nunca recebi apoio por aqui. Todo projeto de que participei não tinha orçamento suficiente e era engavetado no final. E agora você vem me dizer que eu sou culpado!" Desnorteado, o gerente vê um empregado ingrato e não uma crise criada pela compaixão idiota. Em vez de enfrentar as dificuldades assim que surgiram, o gerente decidiu evitar o desconforto de ser franco. O resultado é um empregado sem rumo e com raiva e um gerente que aprendeu a vestir a culpa e o desconforto de "ser útil". Evitar a compaixão idiota nos estimula a sermos honestos quanto ao nosso estresse — reconhecê-lo, senti-lo, contemplá-lo. É claro que confrontar nosso subordinado com seu parco desempenho será difícil, mas esconder-se do desconforto fingindo ajudar apenas sela nosso destino para que mais estragos ocorram.

Quando a compaixão idiota se torna uma regra não professada de liderança, o trabalho pode se tornar profundamente desanimador para centenas, talvez milhares, de empregados. Por exemplo, problemas de estado de ânimo são extraordinariamente complicados e confusos, exigindo que os líderes tenham uma habilidade excepcional para ajudar a organização a reanimar-se. Cuidar dos problemas ocultos de moral baixo exige paciência e abertura às críticas, disposição para ouvir as sessões de reclamações e ouvir as más notícias. Alguns líderes, na esperança de evitar esse infortúnio, "ajudam" as organizações com a implementação de programas infalíveis para demonstrar que a empresa realmente se importa. Uma certa executiva dos meus tempos de Wall Street decidiu enfrentar de frente a crença disseminada entre os empregados de operações de que eles eram subestimados e estavam sendo tratados como se fossem descartáveis. Contrariando o melhor julgamento de outras pessoas, a executiva decidiu lançar um programa do Empregado do Mês, anunciando em toda parte em cartazes e boletins informativos que valorizava os empregados e suas contribuições. Em vez de utilizar o tempo para ouvir atentamente as preocupações dos empregados, envolvê-los na solução dos problemas e implementar mudanças que fortaleceriam o moral a longo prazo — um processo estressante de fato —, ela escolheu a compaixão idiota, mascarando seu desconforto com gestos superficiais de ajuda. Após quatro Empregados do Mês, o programa ficou amplamente repudiado como sendo simples favoritismo. Os empregados acreditavam — corretamente ou não — que aqueles que não falavam o que pensavam ou desafiavam a gerência estavam obtendo o reconhecimento porque, "como todo mundo sabia", a gerência valorizava a obediência em prejuízo da verdade. A executiva tentou outros programas — bônus imediatos para empregados que demonstrassem um esforço extra, dias de férias para as equipes que superassem as metas —, mas sem resultado. O ambiente de trabalho tornou-se cada vez mais tenso e disfuncional, e a executiva confirmou sua opinião não declarada de que os empregados eram simplesmente ingratos. Evitar a compaixão idiota, nesse caso, exigia que a executiva não buscasse uma solução fácil, tentando salvar-se das situações aflitivas. O que se exigia era ajuda e atenção de alguém experiente, que ouvisse com atenção antes de agir, que construísse a confiança entre os gerentes e os subordinados, que aprendesse em vez de dar ordens. Evitar a compaixão idiota sugere que paremos para refletir sobre o que é realmente necessário ao ajudar os outros — que em vez de tirar conclusões precipitadas ou correr para o resgate, possamos ter discernimento e deliberação em nossos esforços. Especialmente quando as circunstâncias são angustiantes, "Evitar a compaixão idiota" nos lembra de suspeitar ligeiramente da nossa necessidade de ajudar. Se formos cautelosos, podemos permanecer com nosso desconforto e estender a mão em sinal de ajuda, mão que seja habilidosa, não uma nervosa, mascarada de solução fácil. Evitar a compaixão fácil revela que ser útil tem muitas faces: ouvir, dar conselhos, resolver um problema de forma direta, falar francamente — ou simplesmente ir embora.

22

Examine as seis confusões

Se vamos ficar despertos no trabalho, precisamos compreender como adormecemos para início de conversa. Explorar isso é necessariamente algo muito pessoal. Reconhecer nossos pontos cegos, nossos hábitos desconfortáveis, nossas esperanças e nossos medos pode fazer com que nos sintamos expostos e vulneráveis. Podemos sentir vergonha de nossas inseguranças e ansiedades, considerá-las meras distrações ou ficar com raiva de nós mesmos por sermos "fracos" ou "covardes". Cada um de nós trabalha com suas ansiedades e confusões do seu próprio jeito. No entanto, investigar essa confusão não precisa ser uma ocasião constrangedora ou solene. O exame cuidadoso do modo como nos aprisionamos pode ser um ato nobre, um gesto franco que pode apontar o caminho para o desenvolvimento da nossa autenticidade no trabalho.

No budismo tibetano, os meditadores estudam as seis confusões como uma maneira de compreender como ficamos prisioneiros de nossas vidas. As seis confusões ilustram o modo como tentamos obter certeza numa vida que muda constantemente e não oferece garantias. Em vez de despertarmos para a realidade de que não há nada a que se agarrar, construímos um grandioso autoengano, vivendo um esforço mal guiado para confirmar de forma permanente uma sensação de *self* — uma sensação de "Tudo vai dar certo para mim". Esse esforço para termos certeza de nós mesmos — que nossa vida, nosso trabalho, na verdade, nossa própria existência está de certa forma garantida — é tradicionalmente representado como uma roda de seis raios, girando numa luta infinita e dolorosa chamada *samsara*.

No cerne dessa luta está o temor humano de que a vida possa chegar ao fim ou sair completamente dos eixos num dado momento. Ficamos desnorteados com essa realidade e buscamos evidências de que seja o contrário. De forma errônea, buscamos segurança em nosso mundo, cercando-nos do conhecido e do previsível, lutando para eliminar qualquer coisa questionável e ameaçadora. Por fim, entramos em pânico quando a iniciativa não dá em nada; simplesmente não podemos evitar a morte nem as desilusões da vida. Em nosso pânico, lutamos mais, ficando cada vez mais ressentidos com a vida e aprisionados pelas circunstâncias.

A roda das seis confusões representa uma profunda ironia. Ela ressalta que é ao tentarmos nos salvar das dificuldades da vida que acabamos, de fato, nos aprisionando nelas. Quanto mais tentamos nos proteger, mais ficamos confusos. As seis confusões são, na verdade, seis estilos ou idéias que descrevem como nos aprisionamos no trabalho.

O trabalho como fardo

O trabalho como fardo é a mentalidade do burro de carga — teimoso, com um só propósito e sem graça. Abaixamos a cabeça, seguimos instruções e colocamos a cabeça para fora de vez em quando para nos alimentarmos na forma de um contracheque. Esquivamo-nos de qualquer coisa que seja nova ou fora do comum. Preferimos que nosso sustento consista de transações manejáveis e previsíveis, então, seguimos grudados ao roteiro, ignorando intrusões e possibilidades alternativas de todos os tipos. Tal atitude pode fazer com que nos sintamos impenetráveis e indiferentes. O caixa relutante, o contador teimoso, o oficial de polícia pouco amistoso, todos fazem parte da idéia do trabalho como fardo.

A mentalidade do fardo deseja secretamente estar em outro lugar, fugir do trabalho e voltar a viver. Sentimos que o trabalho é um impedimento para viver, e não uma oportunidade para fazê-lo. Separamos nosso sustento do resto de nossas vidas: nossos empregos se tornam um imposto que devemos pagar antes de podermos ir para casa. Ao cedermos a essa mentalidade, ficamos surdos e mudos ao ambiente de trabalho, incapazes de contribuir ou dar uma ajuda. Sentimo-nos desajeitados e um tanto embaraçados com nosso meio de vida, indisponíveis para ver qualquer coisa fora da nossa necessidade de sobreviver. Como burros de carga, gostaríamos simplesmente de continuar usando os antolhos e voltar para a estrebaria, onde podemos ter nossas vidas de volta.

Se examinarmos de perto o modo de pensar do trabalho como fardo, descobrimos que nosso peso não é o trabalho, mas a teimosia. Nossa falta de disposição para levantar a cabeça é o verdadeira fardo, não o trabalho em si.

O trabalho como guerra

Outro modo de pensar a que podemos nos entregar é *o trabalho como guerra*. Essa é uma mentalidade perde-ganha. O sustento só faz sentido se ganharmos, porque os perdedores estão sujeitos ao ridículo e à vergonha, e essa posição não é digna de nós. Nós reduzimos o meio de vida a uma proposição muito simples: tudo no trabalho é o inimigo até que se prove o contrário. Estamos constantemente testando nosso mundo: qualquer pessoa, coisa ou circunstância que não promova o que necessitamos é rotulado de inimigo ou, na melhor das hipóteses, de irrelevante. Todos os nossos atos se concentram em eliminar qualquer possibilidade de fracasso e de assegurar o sucesso. Ficamos aprisionados por um jogo constante de levar vantagem no mundo do trabalho.

O trabalho como guerra é um modo de pensar comum: veja os políticos que querem ganhar a qualquer custo, os negociantes de Wall Street, os piratas corporativos, os advogados de casos de divórcio. Essa abordagem agressiva em relação ao trabalho nos aprisiona num impulso constante para manter nosso ponto de vista. O nosso mundo inteiro deve ser constantemente conduzido e controlado. Ficamos presos num jogo de raiva para proteger nossa versão de quem somos.

Se examinarmos de perto a mentalidade do trabalho como guerra, descobriremos que nossa guerra não é com o trabalho, mas com nossa própria insegurança. Com vergonha de nossos medos e de nossas vulnerabilidades, atacamos o mundo do trabalho, primeiro, a fim de impedir qualquer possibilidade de perda ou humilhação. Nossa insegurança é o verdadeiro inimigo, não o nosso trabalho.

O trabalho como vício

O trabalho como vício é uma mentalidade obcecada por superar um sentimento de inadequação. O que quer que façamos no trabalho e por mais que nos envolvamos no desafio nunca parece ser o suficiente. Então, nos forçamos a fazer cada vez mais. Podemos trabalhar 80 horas por semana, revisando a papelada e os relatórios no fim de semana. Ficamos preocupados *pensando* no trabalho, ensaiando questões e planejando maneiras de completar nossas tarefas. Podemos nos ver preparando e construindo em demasia nosso sustento e as atividades do local de trabalho. Somos constantemente assombrados por uma sensação de que algo mais precisa ser feito.

O modo de pensar do trabalho como vício encontra barreiras em obstáculos e lacunas. Pessoas "incompetentes", problemas no computador, lápis quebrados — qualquer coisa que nos impeça de completar o serviço — nos frustram e, às vezes, nos levam a um estado de exaltação. Como viciados em trabalho, podemos ser perfeccionistas, levantando toda manhã na hora exata; astuciosos, confiáveis no trabalho e orgulhosos de nossos altos padrões. O elogio vindo do chefe ou de um colega nos comove, mas tal satisfação é passageira e nunca o bastante. Nos vemos num ciclo de frustração sem fim — irrealizados, porém dispostos a sacrificar nossas vidas pelo nosso vício por trabalho.

Se examinarmos de perto nosso vício, descobriremos que não somos viciados em trabalho, mas estamos paralisados com nossa própria sensação de pobreza, congelados num modelo de frustração em relação aos nossos muitos desejos irrealizados. O trabalho se torna um anestésico — uma droga para nos deixar insensíveis à dor.

O trabalho como entretenimento

A mentalidade do *trabalho como entretenimento* se baseia em nossa suspeita de que vamos perder toda a diversão. Olhamos em volta no trabalho e vemos os outros com uma boa aparência, rindo e se divertindo às mil maravilhas, e suspeitamos que talvez tenhamos perdido o barco. As outras pessoas estão recebendo promoções, indo para reuniões de vendas nas Bahamas, usando roupas novas da moda, participando de reuniões importantes em que ganham pequenos agrados. Os outros parecem ter dominado o seu mundo do trabalho, e suspeitamos de estarmos fora do passo. Nós também queremos ganhar acesso às diversões e aos prazeres do trabalho; queremos o prestígio e os agradinhos.

À medida que desenvolvemos a mentalidade do trabalho como entretenimento, enxergamos o trabalho como uma fonte de diversão e lazer. Aprendemos a nos tornar mestres do espetáculo, exibindo nosso sucesso, nosso poder e nossas comodidades, com moderação, é claro, mas de forma suficientemente visível para atrair atenção. Acumulamos conveniências como se fossem brinquedos, adquirindo botões para apertar em qualquer lugar e a qualquer hora — casa, carro, escritório e avião —, que fazem as coisas acontecerem. Nossos empregos se tornam uma espécie de jogo ou recreação. Passamos a acreditar que temos o direito a essas conveniências, que somos merecedores de nosso status e de nossos prazeres.

Para que o trabalho seja divertido, a desorganização geralmente precisa ser mantida longe dos olhos, então viramos especialistas em embrulhar notícias ruins e aborrecimentos. Aprendemos a arregimentar outras pessoas para fazer com que o trabalho pareça organizado e controlável. As secretárias, os subordinados, as firmas de contabilidade e de consultoria, até mesmo as instituições de caridade, todos são vistos como maneiras de amenizar as dificuldades do trabalho. Esperamos que nosso mundo seja organizado e previsível, e insistimos — geralmente por meio de outra pessoa — para que nossas expectativas sejam atendidas e nos recostamos e nos deleitamos com os resultados embrulhados. A mentalidade do trabalho como entretenimento tem tanto a ver com ignorar o trabalho quanto a se entregar a seus prazeres e seu prestígio.

As capitais do governo, as universidades, as salas de diretores de empresa e as suítes executivas em todo o mundo estão cheias desse modo de pensar. Mas esse elevado aprisionamento não está reservado a grandes instituições. Podem facilmente ocorrer no tribunal para infrações de trânsito ou no depósito de madeira. O aprisionamento causado pelo nosso fascínio com o poder, o prestígio ou a posição pode ser orquestrado a partir das posições mais mundanas ou mais suntuosas. Se fôssemos examinar de perto a mentalidade do trabalho como entretenimento, descobriríamos que, na verdade, não estamos saboreando os prazeres da vida, mas estamos presos em férias ininterruptas e adocicadas da realidade — incapazes até mesmo de saber se existe algo mais na vida além de acumular brinquedos e entregar-se a prazeres.

O trabalho como inconveniência

O modo de pensar do *trabalho como inconveniência* pressupõe que a necessidade de ganhar a vida é algum tipo de acidente lamentável que aconteceu conosco. Não deveríamos ser maculados pelas muitas dificuldades do trabalho. Somos merecedores de muito mais.

Temos o direito a uma vida que decorra sem percalços, e toda a confusão do trabalho — o gerenciamento de conflitos, a solução de problemas, fazer os "trens chegarem na hora" — é uma imposição absurda, algo que está num nível abaixo do nosso.

Vemo-nos como artistas, poetas ou jardineiros orgânicos; receber um contracheque é uma desatenção extremamente repugnante. Precisamos nos dedicar a questões maiores, tais como colorir a tela ou dizer o que pensamos. Ou, talvez, sejamos um executivo, um médico ou um professor bem-sucedido que recebeu o convite para estar entre os diretores de uma instituição de caridade para ajudar os sem-teto — algo apropriado levando-se em conta nosso know-how e nossa sabedoria —, mas, primeiro, queremos ter certeza de que essa aventura está à altura da nossa posição na vida. Talvez o governador tenha assinado um pedaço de papel dizendo que era uma importante instituição de caridade, ou talvez uma estrela de cinema famosa tenha participado de uma ou duas reuniões no passado e tiraram fotos com outros membros do conselho. Esse tipo de trabalho de caridade não seria inconveniente, uma vez que somos merecedores de reconhecimentos tão elevados.

A mentalidade do trabalho como inconveniência é defensiva e orgulhosa, constantemente atenta à possibilidade de ser vítima das circunstâncias do trabalho. Ela é paranóica e está continuamente preocupada em levar a pior. Estamos sempre comparando nosso destino e nossa posição com a dos outros e nos sentindo ludibriados. Sem confiar no que vemos e ouvimos, passamos a filtrar as mensagens que recebemos do mundo do trabalho, ignorando o feedback que não se encaixa na visão enaltecedora que temos de nós mesmos.

Se examinarmos de perto essa mentalidade, descobriremos que não é o trabalho que é inconveniente, mas sim nossa aborrecida sensação de merecimento, que é tão cansativa. É o temor de sermos vítimas que é inconveniente, não o trabalho em si.

O trabalho como problema

O trabalho como problema pressupõe que precisamos *resolver* o trabalho — fazer com que o trabalho se comporte e deixe de ser tão imprevisível e indisciplinado. Sabemos que o trabalho poderia se comportar de forma lógica se pelo menos as coisas voltassem aos trilhos — e somos nós que devemos fazê-lo! Esse modo de pensar é idealista e estranhamente ingênuo. Estamos convencidos de que existe uma solução melhor, uma maneira justa ou correta de lidar com nossos empregos, e aspiramos fazer essa importante contribuição.

Essa mentalidade é constantemente ambiciosa, sempre buscando a nova técnica ou estratégia. "Se todo mundo seguisse os conselhos dos livros de motivação, nós finalmente seríamos capazes de entender os problemas do trabalho e seríamos todos mais despreocupados." Ou talvez a meditação resolva o problema, alivie nosso estresse e faça com que nossos empregos voltem a ser o que deviam ser — divertidos, criativos e correndo às mil maravilhas. Em nosso coração, queremos fazer uma contribuição heróica, que seja digna de orgulho e reconhecimento. Podemos admirar alguém no trabalho que, de fato, medita ou vive tudo que é ensinado nesses livros. Queremos ser exatamente como essas pessoas. Aqueles que parecem estar perdendo o barco passam a nos irritar e decepcionar. O modo de pensar do trabalho como problema está convencido de que o trabalho é, fundamentalmente, um exercício lógico, e coisas tais como conflito humano, julgamentos enganados, erros comuns, emoções — todos os aspectos confusos e incontroláveis do trabalho — podem ser "consertados" se aprendermos as lições certas, aplicarmos as técnicas devidas e reunirmos a informação correta.

Se fôssemos examinar essa mentalidade, descobriríamos que o trabalho não é o problema. Nossa ambição e nosso estado de ocupação constante, na tentativa de resolver o trabalho, acabam sendo o problema, não o trabalho, que sempre será incontrolável e confuso.

Ao examinarmos as seis confusões, podemos notar nossos aspectos. Podemos ser viciados em trabalho, envolvidos em demasia, incapazes de manter nosso emprego em perspectiva. Ou podemos nos ressentir de nosso emprego e o trabalho ter se tornado um fardo. Podemos descobrir que sob estresse costumamos ser arrogantes e agressivos — a mentalidade do trabalho como guerra. Podem surgir e desaparecer aspectos das seis mentalidades, dependendo das circunstâncias. Ao contemplarmos e examinarmos as seis confusões continuamente, começamos a ver nossos modelos de insegurança e a compreender melhor como nos aprisionamos no trabalho. Quanto mais aprendemos, mais perguntamos: "Como saio do ciclo? Como deixo de me aprisionar?"

Apenas o exame das seis confusões não é suficiente para nos livrar dos temores e das ansiedades que nos aprisionam no trabalho. É necessário desenvolver o esforço equilibrado, tocar nosso senso de autenticidade inerente, abandonar nossos preconceitos e muito mais se quisermos superar as penosas experiências das seis confusões. No entanto, reconhecer que *nós, não o trabalho*, estamos nos aprisionando é essencial se esperamos redescobrir o bem-estar em nosso meio de ganhar a vida. Nossa raiva, nosso empobrecimento e nosso senso de merecimento são as grades da nossa prisão no trabalho; eles são os fardos que nos enfraquecem, mantendo-nos ansiosos e temerosos do que possa acontecer. O estudo das seis confusões nos convida a examinar esse importante fato da vida no trabalho. Não precisamos culpar nosso emprego, nossos colegas ou as situações do trabalho pela nossa confusão. Nem precisamos nos culpar. No entanto, precisamos olhar de forma sensata para o modo como nossas lutas para nos proteger das dificuldades do trabalho nos aprisionam repetidamente.

23

Ofereça os quatro tipos de serenidade

É UMA GRANDE IRONIA o fato de fazermos nossa jornada para o despertar no trabalho aprendendo a ficar sentados e imóveis. No entanto, adotar tal postura é o ato fundamental de bem-estar que oferecemos a nós mesmos e aos outros ao longo da jornada. Ao sentarmo-nos eretos, com nossos sentidos alertas, e cuidarmos de nossa respiração de forma suave e precisa, cultivamos uma vigília simples e poderosa que é sadia, aberta e livre. Estudos científicos têm documentado muitos dos benefícios físicos e psicológicos da meditação sentada: pressão arterial mais baixa, elevados padrões cerebrais associados a sentimentos de alegria, ansiedade reduzida e um elevado estado de alerta em relação ao ambiente. Embora tais benefícios possam ser bastante úteis, não é a razão pela qual a tradição oriental considera a meditação uma atividade valiosa. Os budistas consideram o ato de se sentar, em si, a expressão final da decência e da postura humanas. Ter o domínio para se sentar e ficar parado é considerado algo completamente digno e profundamente humano. Esse domínio é de fato nossa autenticidade — a confiança básica em nós mesmos de que não estamos presos em nossas vidas, mas livres para vivê-las.

Quando estamos despertos no trabalho, estendemos essa serenidade ao emprego, à carreira e a todo o nosso meio de vida. Na verdade, o ato de se sentar nos dá a oportunidade de estender os quatro tipos de serenidade ao nosso trabalho, levando-nos a ser mais eficazes em nosso emprego e mais úteis aos outros.

A serenidade da gentileza

Ao sentarmo-nos, quando voltamos ao momento presente, abandonamos a preocupação com o nosso ponto de vista e nossos enredos várias vezes. A princípio, pode parecer uma luta, mas, com o tempo, pode se tornar um grande alívio. A raiva que sentimos de um colega, nossa teimosia a respeito de um acordo de negócios, nosso estado de defesa por causa de um ato falho — tudo pode ser abandonado, mesmo que seja por um breve momento. De repente, isso cria espaço e possibilidade para respirar e ser. Esse gesto em relação a nós mesmos é tradicionalmente considerado um ato de gentileza, dando-nos uma colher de chá, por assim dizer. Quando pensamos em ser gentis, geralmente pensamos em acariciar um gatinho ou dar uma nota de 10 dólares a alguém que precisa de dinheiro. Aqui estamos sendo gentis de maneira diferente: estamos sendo gentis com nós mesmos ao abandonarmos o fardo de manter nossos preconceitos. Ao praticarmos isso na meditação, aprendemos que podemos ter a mesma serenidade no trabalho, abandonando os pontos de vista fixos que temos dos colegas e fazendo um gesto gracioso e gentil, dando-lhes uma colher de chá, oferecendo-lhes espaço e possibilidade de ser. A gentileza que oferecemos a nós mesmos na meditação podemos agora oferecer aos outros no trabalho.

A serenidade de respeitar as dificuldades

Ao sentarmo-nos, não apenas nos concentramos no desenvolvimento da nossa clareza de espírito ou da nossa intensidade de propósito; também reconhecemos nossa confusão, nossa arrogância e nosso medo. Ao sentarmo-nos imóveis, passamos a nos conhecer diretamente e a aprender, com o tempo, a respeitar e reconhecer não apenas nossos pontos fortes, mas nossas fraquezas aparentes também. Elas não são inconveniências ou pecados a serem eliminados de nossas vidas. Não precisamos nos ressentir ou rejeitar nossas invejas ou inseguranças como erros dos quais deveríamos nos envergonhar. Ao sentarmo-nos imóveis com nós mesmos aprendemos a respeitar e a cuidar de nossas "negatividades", em vez de resistir e discutir com elas; explorando-as e desembaraçando-as em vez de descartá-las. Ao fazermos isso, produzimos uma humanidade sábia e gentil que podemos trazer para o trabalho. Aos poucos, desenvolvemos uma serenidade no trabalho por meio da qual aprendemos a respeitar sua confusão e suas dificuldades, e não a resistir a elas.

A serenidade do estado de calma prontidão

Quando nos sentamos por qualquer período de tempo, inevitavelmente percebemos que estamos entediados. Não estamos fazendo nada, apenas sentados ali. Nossa cultura nos faria acreditar que algo deve estar errado se estamos entediados. Deve haver um problema, uma vez que não estamos realizando coisa alguma. Talvez não estejamos à altura da tarefa prestes a acontecer. Deveríamos retornar ao trabalho. Quando estamos entediados, normalmente buscamos outra coisa para fazer, talvez assistir à televisão, brincar com um jogo ou comer. "Faça alguma coisa!" Fazemos qualquer coisa — brincamos com jogos digitais no computador, rabiscamos no dorso da mão, *qualquer coisa* — simplesmente para não ficarmos entediados.

Ao sentarmo-nos, desenvolvemos um domínio que assume a visão totalmente oposta. Ao trazermos nossa atenção de volta para o momento repetidas vezes, travamos amizade com o tédio e notamos que podemos estar extremamente alertas no momento imediato, sem necessidade de distrações ou entretenimento de qualquer tipo. Com o tempo, passamos a ficar à vontade por estarmos no momento. Desenvolvemos um "estado de calma prontidão", que se torna essencial para a relação direta com o trabalho, dando-nos perspectiva e precisão, uma capacidade de lidar com o trabalho em suas condições, enquanto ele se desenrola momento a momento. Podemos estender aos desafios do trabalho esse estado de calma prontidão que desenvolvemos ao sentarmo-nos.

A serenidade da disponibilidade

Em geral, empenhamos esforço a fim de alcançar alguma coisa. Sobretudo no trabalho, esforçamo-nos para alcançar objetivos e receber gratificações; trabalhamos em busca de resultados. Tal esforço é prospectivo, determinado e essencial para alcançar objetivos. Ao sentarmo-nos, porém, aprendemos a utilizar um esforço que não está buscando resultados, mas é o esforço de estar no momento presente. Aprendemos a deixar de repetir o passado ou ensaiar para o futuro. Na meditação, quando notamos que estamos perdidos em pensamentos, trazemos nossa atenção de volta ao momento presente. Abandonamos nossas preocupações; abandonamos nossos "enredos" e versões, e saltamos para o momento presente, sem garantias nem pontos de vista. Ao que quer que surja na meditação, estamos suavemente disponíveis, abertos e atentos. Essa disponibilidade que desenvolvemos na meditação, quando estendida ao local de trabalho, permite-nos estar abertos ao ambiente e a nossos colegas, atentos ao que a situação exige.

O princípio "Ofereça os quatro tipos de serenidade" nos incentiva a cultivar a prática de meditação sentada como uma maneira de reinventar e elevar nossas vidas no trabalho. O Apêndice "Instruções para meditação com presença consciente" oferece instruções de meditação para aqueles que estão iniciando na meditação e gostariam de dar o primeiro passo. Ao desenvolvermos uma prática sentada, podemos revelar uma postura e uma dignidade naturais no trabalho. Podemos demonstrar aos outros a gentileza que demonstramos a nós mesmos na meditação. Podemos também estender o respeito que demonstramos por nossos defeitos e por nossas negatividades aparentes, em relação à confusão do trabalho. O estado de calma prontidão que desenvolvemos na meditação, ao descansarmos no momento não planejado, pode ser estendido aos desafios do trabalho. Nossa disposição para estarmos atentos e disponíveis ao que quer que surja em nosso sentar também pode ser estendida aos colegas de trabalho. Oferecer os quatro tipos de serenidade nos faz lembrar de que não estamos sentados apenas para o nosso próprio bem, mas para sermos mais úteis aos outros e eficazes enquanto estamos despertos no trabalho.

24

Todo mundo só quer quicar a bola

NO MEU ÚLTIMO ANO do ensino médio, um padre alemão ensinou a mim e a meus colegas de turma a pensar. Por um ano, estudamos a lógica aristotélica, o método socrático, o utilitarismo de John Stuart Mill, o raciocínio silogístico, as falácias lógicas, raciocínio dedutivo e indutivo, proposições *a priori* e *a posteriori*. Também analisamos anúncios e ouvimos discursos políticos, a fim de reconhecer a trapaça, debatemos pontos de vista, ouvimos os argumentos uns dos outros com atenção e aguçamos nosso intelecto por meio de infinitos exercícios de pensamento racional. Recebemos um bom treinamento para analisar as situações da vida de forma lógica, sistemática e racional.

À medida que os exames finais se aproximavam, nosso professor começou a adotar uma abordagem muito diferente no nosso treinamento. Em vez de questionar definições de termos ou insistir numa análise mais concisa de um dado artigo de jornal, ele começou a puxar o tapete debaixo dos nossos pés de forma intensa, porém despercebida na época. Passamos duas aulas tentando entender, por exemplo, por que as pessoas riem. Ou então ele fazia com que discutíssemos "Por que uma mãe ama seu filho?". A sobrevivência dos mais adaptados, nós concluiríamos, é claro. Porém, não havia lógica para explicar a ternura ou tristeza de uma mãe; não havia racionalidade para a última parte de uma piada.

Em nossa última aula desse homem sábio e gentil — um dia do qual sempre me lembrarei com carinho —, ele fez um pequeno discurso do qual me lembro até hoje.

> Quando começamos o ano, muitos de vocês, cavalheiros, acharam que aprender a pensar era algo bastante tolo. Alguns disseram para mim: "Nós todos pensamos, então, o que há para aprender?" Mas agora, após um ano, vocês vêem que pensar de forma adequada exige esforço. Pensar de forma adequada é ser responsável e honesto. Pensar de forma adequada é ser disciplinado e ouvir com atenção. Pensar de forma adequada, no final das contas, é ser lógico.
>
> No entanto, cavalheiros, deixo-os com esta última lição — provavelmente a mais importante que tenho a dar. A vida, meus caros companheiros, não é lógica. Embora vocês possam se esforçar bastante em toda a vida para serem justos e razoáveis, meticulosos e corretos, suas vidas não seguirão essas regras. E se vocês tentarem compreender os outros seres humanos apenas por meio da lógica, vocês estarão prestando a si mesmos e aos outros um grande desserviço. Há, na verdade, algo muito mais básico e importante que está no coração de todo ser humano.

O professor começou a andar pela sala de aula e colocou uma folha de papel virada para baixo sobre nossas mesas.

> Então os deixo hoje com um quebra-cabeça final, que espero que guardem pelo resto da vida. Reflitam sobre ele, lembrem-se dele, deixem que seu significado se revele. Espero que o que estou passando para vocês lhes seja útil para compreender o que nós todos realmente queremos como seres humanos.

Virei a folha e o que descobri foi uma fotografia do jornal local sem nada de extraordinário. Era a imagem de um menino sozinho, parado defronte a uma quadra de basquete vazia. A foto foi tirada por trás. Ele tinha uma bola de basquete sob um dos braços e agarrava a cerca de alambrado com a mão que estava livre. Embora fosse um dia quente e ensolarado, a quadra estava vazia e o portão estava trancado. A legenda logo abaixo dizia: "Todo mundo só quer quicar a bola."

O professor tinha cronometrado o discurso de forma perfeita, visto que, naquele momento, a campainha tocou e não houve tempo para perguntas nem discussões. Ele simplesmente se despediu e nos desejou boa sorte.

Minha primeira reação ao discurso final do professor e à fotografia de uma criança querendo jogar basquetebol foi achá-lo um tanto tolo e banal, devido à significância do que ele tinha nos ensinado ao longo do ano. Por muitos anos, eu raramente pensei naquele discurso final e na legenda da fotografia. Porém, ao fim, ele me assombrou e me levou a refletir novamente por que ele havia escolhido a foto. Por que o garoto estava preso do lado de fora num dia de sol? Quem era o garoto? Por que uma quadra de basquetebol estaria trancada?

Por fim, depois de 15 anos, a charada revelou seu segredo — uma lição profundamente pessoal sobre como me conduzir nos negócios e na vida. E embora estas não sejam as palavras exatas do meu professor, posso ouvi-las no meu coração hoje, como se elas estivessem sendo ditas dos seus lábios diretamente aos meus ouvidos:

> Não se levem tão a sério, cavalheiros, porque, se o fizerem, vocês não perceberão o significado de ser humano. Sua lógica e correção, sua racionalidade e meticulosidade, na verdade, podem cegá-los, deixá-los fora do jogo, impedi-los de se tornarem quem vocês querem ser bem no fundo.

"Todo mundo só quicar bater a bola" nos lembra de respeitar o suave entusiasmo que todos trazem à vida. Todos nós queremos fazer o melhor e ter uma chance de contribuir e brilhar. Todos nós queremos deixar algo do qual nos orgulhemos e sermos lembrados como uma pessoa inspiradora. Sejamos jardineiros ou presidentes de empresas, engenheiros ou pintores de parede; estejamos tricotando pegadores de panela ou curando o câncer, todos queremos tornar a vida melhor para os outros e mostrar o que podemos fazer. Um dia todos nós fomos crianças e queríamos ser os melhores.

Se em nossa busca para obter êxito — em nosso esforço de termos lucro, poder e segurança — esquecermos que todo mundo só quer quicar a bola, muito provavelmente nos veremos parados do lado de fora, aprisionados pela cerca da nossa lógica e correção, incapazes de viver a vida de forma adequada; incapazes de quicar *nossa* bola.

25

Trate a todos como convidados

POR UM MOMENTO, volte seu pensamento até cinco ou seis anos atrás, talvez mais, e lembre-se de um ou dois colegas que deram mais cor e prazer à sua vida no trabalho. Talvez uma bondosa empregada de lanchonete venha à mente, ou o executivo confiável que apoiou você no projeto mais satisfatório da sua carreira, ou um colega de trabalho que sempre tinha uma idéia hilária a oferecer. Enquanto pensa e pinta um quadro mental dessas pessoas, você, provavelmente, se lembrará dos momentos de afeição e carinho que passou com eles. Você se entregou a esses colegas — estando aberto e disponível —, e a camaradagem tornou algum aspecto da sua vida no trabalho satisfatório.

Muito provavelmente as pessoas de quem nos lembramos não fazem mais parte da nossa vida. Se tivermos sorte, talvez tenhamos mantido contato com alguns dos nossos amigos do trabalho. Porém, com bastante freqüência, descobrimos que as pessoas que estimávamos seguiram adiante: talvez tenham arrumado emprego em outro lugar, ou simplesmente se mudaram para a Nova Zelândia. Pode ser desanimador perceber que nossos relacionamentos no trabalho sejam tão passageiros. Porém, ao reconhecermos que as relações no trabalho são fluidas e mudam constantemente, podemos de fato avivar e cultivar a mesma afeição de coleguismo que tanto prezamos. Os colegas vêm e vão — novos rostos, reuniões inesperadas, novos membros de equipes. Essa paisagem mutante nas relações de trabalho nos convida a apreciar de forma deliberada os nossos colegas no momento imediato, a sermos afáveis e acessíveis no trabalho — "tratar todo mundo como convidado".

Normalmente, quando tratamos alguém como convidado, reconhecemos, em tudo o que fazemos, que nosso tempo juntos é raro e digno do nosso apreço. Não servimos qualquer refeição nem oferecemos à pessoa uma hospitalidade relaxada. Quando uma pessoa convidada chega, não a tratamos como uma inconveniência e lhe apontamos a geladeira, onde ela poderá encontrar algumas sobras de comida. Pelo contrário, esforçamo-nos com naturalidade para sermos cordiais e estarmos disponíveis, e oferecemos ao nosso convidado nosso melhor tratamento. Como anfitriões verdadeiramente afáveis, fazemos o convite de forma aberta; não desejamos favorecer um convidado em detrimento de outro. Quando damos um jantar e surgem convidados que não conhecíamos, não dizemos: "Bem, estas pessoas são novas, então dê-lhes vinho barato ou sirva-lhes com pratos de papelão." Se for o caso, podemos dar atenção extra a esses convidados. Mesmo que tenhamos um convidado com quem necessariamente não nos damos bem, não nos apressamos em dizer: "Desculpe, você não é meu tipo de convidado. Por favor, saia pela porta dos fundos." Sejam os convidados pessoas estranhas ou nossos melhores amigos, vizinhos ou viajantes de passagem, alegres recém-chegados ou pessoas intransigentes e irritadas, instintivamente lhes oferecemos uma hospitalidade franca e atraente, que reconhece que nosso tempo juntos é raro e valioso.

Da mesma forma, "Trate a todos como convidados" nos incentiva a confiar em nossos instintos naturais para tratar os outros de forma adequada e afável, respeitando as relações de trabalho ao estarmos genuinamente disponíveis aos outros e oferecendo nosso melhor tratamento a todos que encontramos. Quando apresentamos uma idéia ou uma opinião, nós a damos adequadamente para que os outros possam apreciar e digerir o que estamos dizendo. Não fazemos discriminação entre nossos colegas de trabalho. Seja o presidente da empresa ou o segurança, somos atenciosos e cordiais com todos. Quando vamos para o trabalho, vestimo-nos de forma adequada e precisa, de modo que possamos comunicar uma sensação alegre e saudável. Quando os outros têm um ponto de vista, ouvimos com atenção; "cultivamos a arte da conversa". Mesmo quando nossos colegas nos ofendem ou nos desconsideram, podemos continuar a ser gentis, promovendo a decência por meio do cultivo do *li*. Fazemos essas coisas não como um tipo de criado néscio que quer agradar a todos ou por necessidade. Tratamos a todos como convidados porque somos naturalmente dignos. Confiantes, curiosos e engenhosos, podemos oferecer um enorme espaço e bem-estar aos outros, mesmo sob circunstâncias difíceis, porque é apenas a coisa autêntica a ser feita — uma expressão natural de quem somos.

Quando tratamos a todos como convidados, oferecemos um tremendo espaço para respirar, permitindo que todos que conhecemos sejam quem são, onde estão, naquele exato momento. Como anfitriões num jantar, estimulamos nossos convidados a se expressarem de forma livre e jovial; fazemos o mesmo no trabalho. Em vez de tentarmos controlar as circunstâncias do trabalho, concedemo-nos a liberdade de apreciar nossos colegas e "não saber", deixando que aqueles que encontramos sejam quem são sem preconceitos ou opiniões tendenciosas. A partir dessa posição privilegiada, podemos apreciar as preocupações, os estilos, os pontos fracos e os talentos individuais dos nossos colegas.

Como não estamos esgotados nem intimidados pelas circunstâncias do trabalho, podemos nos dar ao luxo de oferecer aos nossos convidados o nosso melhor. Sendo assim, tratar a todos como convidados nos inspira continuamente a nos ocuparmos e apreciarmos todos os momentos valiosos e autênticos. Mais importante, ele nos lembra de oferecer a cada colega uma profunda sensação de gratidão, uma vez que estamos de fato muito gratos a todos que conhecemos, a todos os convidados no trabalho. Se examinarmos as relações de trabalho mais de perto, descobriremos que nossos colegas nos ensinaram as lições mais importantes de que precisamos para estar despertos no trabalho. Aliados e adversários, concorrentes e partidários, estranhos e amigos, todos nos dão oportunidades infinitas para abandonarmos nossa arrogância, nossa necessidade e nosso medo, e sermos autênticos. Esses convidados, que nos chamam a ser genuinamente quem somos, merecem, naturalmente, apenas o melhor.

26

Testemunhe do fundo do coração

NO TRABALHO, INEVITAVELMENTE, vivenciamos os conflitos, as lutas e os infortúnios das outras pessoas. Talvez um colega não tenha êxito no emprego, fique ressentido com o gerente e se torne mal-humorado e retraído. Talvez os membros da equipe estejam em desacordo uns com os outros, culpando-se mutuamente por erros e fracassos percebidos. Ou, talvez, uma gerente pareça condescendente em relação às suas subordinadas, que então dizem, em tom de fofoca, que ela é arrogante, uma líder ruim e tem medo de perder seu emprego.

Quando vemos os outros em dificuldades ou discussões no trabalho, podemos querer ajudar. Como somos basicamente decentes — porque possuímos o *li* —, naturalmente, queremos aliviar o infortúnio das pessoas. Ajudar os outros a resolver conflitos ou administrar desilusões nunca é tão fácil quanto possa parecer. Nós mesmos podemos fazer parte do conflito. Existe sempre um ponto cego potencial de compaixão idiota que pode estragar nosso esforço para ajudar. No entanto, podemos apreciar e compreender melhor as divergências e as dificuldades do trabalho aprendendo a testemunhar de coração.

O testemunho do coração começa com a experiência de testemunhar a nós mesmos na meditação sentada. Quando nos sentamos, permitimo-nos testemunhar nossa mente e damos a nós mesmos um enorme espaço. Podemos testemunhar nossa preocupação e insegurança ou nossa rapidez e inquietude. Ou podemos testemunhar a vastidão de estarmos vivos ou o frio tédio de estarmos intensamente presentes, momento a momento. Observamos nossa mente acelerar e depois diminuir o ritmo. Vemos nossa respiração subir e descer. Essa atenção, essa disposição de nos deixar ser quem somos, onde estamos, é a base para o testemunho de coração no trabalho. Essa atenção nos prepara para testemunharmos suavemente os conflitos, as discussões e os sofrimentos enquanto eles se desenrolam, tal como testemunhamos nossa vida se desenrolar quando nos sentamos na almofada, sem filtros: alertas, abertos e disponíveis.

Essa abordagem às dificuldades do local de trabalho não é uma maneira de permanecer à parte, como um observador desinteressado ou um guia turístico benevolente. Em vez disso, essa atenção permite que as dificuldades sejam exatamente o que são, sem estarem contaminadas por nossos interesses e nossas versões. Apreciar o problema de forma plena — sem ignorá-lo, discutir com ele, solucioná-lo ou suavizar suas partes difíceis — é um gesto essencial de abertura. Não tomamos partido nem temos razões para nos envolver. Testemunhamos a dificuldade sem opiniões tendenciosas ou preconceitos.

As lutas do local de trabalho podem ser bastante perturbadoras e pessoalmente penetrantes quando estamos abertos a elas dessa maneira, porque estamos recebendo uma dose direta do sofrimento. Embora essa abordagem possa nos dar uma imagem clara enquanto a situação se desenrola, nós, inevitavelmente, perceberemos que estamos tristes. Não estamos tristes de uma maneira ansiosa ou deprimida: "Oh, é tão terrível que Mary esteja se recusando a trabalhar com Bill." Nem estamos tristes porque lamentamos pelo destino de um colega: "Coitado do Jim, ele é tão ruim que perdeu a venda mais uma vez. Sinto muito por ele." A tristeza que vivenciamos em testemunhar de coração é causada porque tocamos de verdade o sofrimento dos nossos colegas, porque estamos plenamente envolvidos nas emoções do momento.

Essa tristeza é um sentimento bastante físico, um tipo de ternura ou abertura que sentimos no peito ou no estômago. Alguns chamam isso de "ter coração". Quando sentimos essa tristeza — quando temos o coração no trabalho —, podemos querer nos afastar de sentimentos tão pungentes. Podemos pensar para nós mesmos: "Isto é um negócio. Não há lugar para se emocionar com as dificuldades dos outros. Deveríamos ser eficientes quanto a essas coisas — avaliar o problema, propor uma solução e seguir adiante. Há um trabalho a ser feito." Essa abordagem racional em relação aos conflitos e às dificuldades, sem dúvida, tem suas virtudes. Porém, quando testemunhamos de coração, estamos tendo uma visão ampla. Em vez de evitarmos essa tristeza porque ela parece improdutiva, na verdade ficamos amigos dela. Nós a incluímos como parte de lidar com o problema. Ao fazê-lo, aprendemos aos poucos que essa tristeza não é algo fraco ou "emotivo", mas inabalável e clarividente. Quando nos permitimos "ter um coração" — estarmos abertos e tocarmos diretamente o sofrimento do outro —, descobrimos uma sabedoria única, que não tem medo de não saber, deixando-nos abertos a ser úteis sem sentirmos necessidade de salvar ninguém.

O testemunho de coração nos faz lembrar de que estar inconsolável com as dificuldades dos colegas é nosso instinto natural, convidando-nos a ver e agir de forma clara. Quando testemunhamos de coração enquanto um colega luta contra a demissão, também vemos o quadro todo — que está exatamente na hora de ele seguir adiante, rever sua visão de si e se adaptar. Quando testemunhamos de coração quando os colegas fazem fofoca de alguém, também vemos que eles estão se destruindo com a covardia, e quando, por fim, reservamos o tempo para enfrentar a fofoca, nós o fazemos de modo preciso e firme. Ou quando uma colega fala novamente com raiva do seu ressentimento por ter sido transferido de um projeto, se testemunhamos de coração, sentimos que devemos simplesmente ouvir.

O testemunho do coração nos lembra de que podemos confiar em nosso coração no trabalho, de que não há desconforto por nossa tristeza. Quando vemos os outros lutarem ou vivenciarem infortúnios, podemos liderar com o coração porque há força e sabedoria nessa ternura. Tal como nos damos espaço na almofada para nos vivenciarmos plenamente, podemos estender a abertura de coração aos que estão sofrendo. Ao fazermos isso, podemos aprender a ser genuinamente úteis a partir de uma posição de sabedoria e habilidade.

PARTE QUATRO

AGINDO DE FORMA PRECISA

Os nove princípios desta seção ressaltam que podemos desempenhar nossas tarefas no momento imediato, sem garantias nem confirmações. Enquanto vivenciamos, a "mente desperta" suave e profundamente.

- Não se esqueça
- Aprecie a intimidade das rotinas matinais
- Reconheça os pequenos aborrecimentos
- Respeite o carma
- Pratique o não-saber
- Seja humilde porém ambicioso
- Observe e reduza a velocidade do trabalho
- Dê uma nova olhada e se adapte
- Mantenha sua posição

Quando misturamos estes princípios com o trabalho diário, somos desafiados a despertar imediatamente. Se formos corajosos o bastante para abandonarmos nossa resistência e permanecermos abertos ao trabalho enquanto ele se desenrola momento a momento, é inevitável que encaremos a profunda realidade de simplesmente estar vivo — de forma notável, vívida e vasta, aqui, no momento imediato. Reconhecer essa realidade — a princípio vislumbrando-a, sentindo seu ritmo sempre presente e acolhendo suas visitas freqüentes como um amigo — não é algo estranho ao trabalho; é o que nossos empregos têm nos convidado a abraçar o tempo todo. Os nove princípios desta seção ressaltam que vivenciar a mente desperta como parte do nosso trabalho diário não só é inevitável, mas é a chave do sucesso que estamos buscando.

27

Não se esqueça

ÀS VEZES PARECE IMPOSSÍVEL escapar da nossa impaciência. A encomenda noturna da Federal Express não é suficientemente expressa; nosso computador de 900 milhões de mega de memória leva muito tempo para iniciar; a espera de 30 segundos no elevador, o tempo para pôr os papéis em ordem na copiadora, a fila na cabine do pedágio — nossa raiva e nossa impaciência em esperar e nossa resistência para diminuir o ritmo podem parecer monumentais. No entanto, não é de admirar que nossa paciência seja tão escassa. A sociedade de consumo vende a velocidade e a eficiência como um direito quase humano: fast-food, fotos em uma hora, correio da noite para o dia, mudança rápida de canais, envio instantâneo de mensagens, discagem rápida. Construímos nosso mundo de conveniências e depois acabamos nos sentindo impacientes e frustrados quando não podemos passar às pressas pelo momento presente. Esse direito leva à intolerância e à necessidade de gratificação instantânea.

Centenas de estudos e livros têm catalogado a biologia da impaciência: estresse, pressão arterial alta, a fúria no trânsito, doenças coronarianas, fadiga crônica, abuso de substâncias químicas. Muitos conselhos inspiradores são fornecidos: reserve um momento todo dia para relaxar, faça exercícios, controle o consumo de açúcar, conte até 10, passe tempo com as pessoas que ama, respire fundo. No entanto, parece difícil aceitar o conselho quando ele é mais necessário. Em meio à pressão do pânico, da velocidade e do aborrecimento, esquecemo-nos de respirar e relaxar, esquecemos das pessoas que amamos e nos esquecemos de diminuir o ritmo. Na verdade, esquecemo-nos de acordar. Perdemos contato com nossa capacidade de viver uma vida com sentido e utilidade.

Quando estamos despertos no trabalho, não nos esquecemos de acordar; podemos fazer isso porque praticamos a meditação consciente. É claro que mesmo que nos tornemos os maiores e mais perfeitos meditadores, ainda assim perderemos a paciência às vezes — nunca há garantias. Mas quando misturamos nossa impaciência com a consciência, não esquecemos que ser quem somos, onde estamos, é algo completa e perfeitamente suficiente. Somos o tempo todo lembrados da simples realidade da nossa autenticidade. O engarrafamento é intolerável, mas não nos esquecemos de observar o adesivo no pára-choque: "Meu Deus, poupe-nos daqueles que acreditam em ti", e rimos. O gerente de projetos está pálido — não cumprimos o prazo, estamos acima do orçamento e duas pessoas se atrasaram para a reunião —, mas não nos esquecemos de dar ao colega um copo de água. A televisão está berrando, o telefone está tocando, estamos digitando o último e-mail, e o marido grita "O jantar está pronto", e, então, bem ali, naquele instante, não nos esquecemos de despertar.

Normalmente, quando somos impacientes, perdemos interesse em nossa experiência. Por qualquer razão que seja, estar no presente momento parece pouco. Queremos correr para outro lugar; queremos esquecer, desprezar ou eliminar nossa irritação. Queremos simplesmente que o momento presente desapareça. As crianças brincam no computador; os adolescentes passeiam pelos canais de televisão; os motoristas compram uma refeição rápida sem sair de seus carros; os executivos correm de uma reunião para outra. Essa impaciência de *chegar a outro lugar*, em vez de estarmos onde estamos, tornou-se um enorme e desastroso vício do esquecimento. Esquecemo-nos de estar onde estamos; esquecemo-nos de apreciar o mundo; esquecemo-nos de trabalhar com a vida de forma adequada e precisa; esquecemo-nos de ajudar. O vício do esquecimento nos impede de vivenciar o prazer e a satisfação de trabalhar com todo o nosso ser.

Como acontece com a maioria dos vícios, pode ser necessária uma "desintoxicação", e a meditação com presença consciente é nosso programa para desintoxicar. Na meditação sentada, vivenciamos a crueza da nossa impaciência. Sentamo-nos sobre a almofada, ajeitamo-nos e simplesmente sentamo-nos. Prestamos atenção à nossa respiração, e o tempo passa. Depois, começamos a sentir um pouco de claustrofobia: "O que vem em seguida?", nós pensamos. "Quanto tempo preciso ficar sentado aqui?" Estamos muito entediados — sem jornais para ler, sem e-mails ou ligações telefônicas, sem jantares, sem entretenimento de qualquer tipo. Queremos esquecer que estamos aqui e seguir adiante, às pressas, mas nossa consciência não permite a fuga do momento presente. Sentamo-nos sem nos esquecer e passamos a vivenciar a "paciência quente" da desintoxicação. Sentimos nossa irritação e nosso desconforto de simplesmente estar naquele momento e queremos fugir. Podemos nos levantar e ir até a geladeira ou ligar a televisão; tiramos umas pequenas férias, mas depois nos esquecemos de que ainda estamos com nós mesmos, voltamos à almofada e persistimos. O não esquecimento se inicia com a desintoxicação da nossa impaciência com a realidade, e isso acontece de forma bastante direta na almofada.

Se formos corajosos e permanecermos sentados — por horas, semanas, meses e anos —, nosso "programa de desintoxicação" se revelará. Nossa paciência quente suavemente se tornará paciência fria e nosso vício do esquecimento diminuirá. Começaremos a pensar: "Ei, no final das contas, ficar sentado sem se mover não é tão ruim." Poderemos ficar irritados ou em estado de pânico, mas não nos esqueceremos de voltar ao momento presente e veremos nossa impaciência se transformar em uma serenidade simples e inabalável. Nas tradições hindus e budistas, essa paciência fria e controlada tem sido chamada de "o caminhar do elefante". Cada passo do elefante é meticuloso e completamente presente. Não há hesitação ou dúvida. O elefante não está vasculhando os bolsos em busca de um celular de discagem rápida ou olhando para o relógio enquanto espera na fila para comprar um hambúrguer pré-digerido. A paciência fria do elefante é firme, segura e controlada. E por causa dessa paciência o elefante nunca se esquece de despertar.

"Não se esqueça" nos estimula a ficar totalmente impregnados da paciência fria da consciência. Em vez de nos apressarmos, podemos estar repentina e intensamente conscientes de imediato. Como estamos conscientes, não nos esquecemos de respirar fundo, tomar um gole de água ou apreciar uma caminhada no parque. Como somos conscientes, não nos esquecemos de estar disponíveis, de ouvir com atenção, de ser pacientes. Podemos sentir um toque de impaciência enquanto a senhora conta lentamente o seu troco no caixa, mas, então, não nos esquecemos de parar e descansar em nossa paciência ebúrnea. Há um prazer enorme em trabalhar com o nosso mundo de forma adequada e consciente. "Não se esqueça" nos lembra de que podemos romper o vício da impaciência e nos lembrar de estar em nosso mundo, sem passar às pressas pelo momento presente.

28

Aprecie a intimidade das rotinas matinais

HOMENS E MULHERES em todo o mundo se levantam toda manhã e silenciosamente se preparam para trabalhar. O fazendeiro reflete sobre o momento da colheita durante seu habitual passeio matinal até o celeiro; uma mãe silenciosamente separa roupas limpas alguns minutos antes de seus filhos acordarem para ir à escola; o motorista de caminhão saboreia sua xícara de café enquanto verifica os pneus e os equipamentos; o banqueiro de Nova York respira fundo a névoa do rio Hudson enquanto corre ao amanhecer. As manhãs oferecem a muitos de nós uma pausa tranqüila enquanto o dia começa, um tempo natural para sentirmos a textura de nossa vida e contemplar o dia de trabalho à frente.

Na calma da manhã, estamos naturalmente relaxados. Por apenas um momento, permitimos que haja algum espaço em nossa vida. Tomar banho, vestir-se, bebericar uma xícara de chá, levar o cachorro para passear, caminhar até a estação de trem, são hábitos simples e tranqüilos que acalmam e animam. Estamos sozinhos nesses momentos, por mais breves que possam ser; apenas nós mesmos, com a nossa vida se revelando mais uma vez. Nosso dia à frente pode nos passar responsabilidades significativas, tais como estar no controle de um governo ou de uma sala de aula; podemos ter tarefas a serem realizadas que exijam de nós, tais como tratar um coração doente ou uma ponte danificada. Porém, antes de lidarmos com tudo isso, mais uma vez, estamos sozinhos com nós mesmos, sendo gentis conosco de uma maneira simples.

Em nosso ritmo apressado, podemos passar correndo por esses momentos comuns e tranqüilos. Talvez nossa família de nove pessoas divida um único banheiro e passemos as manhãs insistindo para que os outros se apressem. Podemos gostar de dormir até tarde e ficar com tempo apenas para uma corrida frenética até o trem ou para pegar uma carona com outras pessoas. Levar as crianças à escola, e-mails a serem verificados, celulares tocando antes mesmo de sairmos de casa — essas exigências agitadas podem invadir a pausa tranqüila da manhã e seqüestrar a intimidade da nossa rotina, lançando-nos apressados e distraídos em nosso trabalho diário. No entanto, mesmo nesse momento, quando nosso ritmo frenético parece tão grande e intrometido, as manhãs ainda nos assombram e nos convidam a diminuir o ritmo, a relaxar por apenas um momento.

Apreciar a intimidade das rotinas matinais nos estimula a aceitar os convites a nos perdermos no momento tranqüilo e permitir um pouco de espaço suave em nossa vida. Poderíamos tratar as manhãs como uma prática diária, um tempo deliberado para a reflexão espiritual e para a meditação. A meditação matinal é um modo budista tradicional de mostrar respeito por nós mesmos e por nossas vidas. Toda manhã, nos lares e comunidades budistas em todo o mundo, o dia começa com um momento de meditação. Velas de santuário e incensos são acesos. Oferece-se chá. Alguns cantam o Sutra do Coração, outros, simplesmente, se sentam. Em todo o Tibete, antes de se lançarem aos trabalhos diários da vida, homens, mulheres e crianças se levantam ao raiar do dia para andar em volta do *stupa* (ou templo), suavemente recitando mantras e refletindo sobre o significado da vida. Os parques urbanos nos bairros chineses em todos os Estados Unidos são os santuários, nas primeiras horas da manhã, para milhares de praticantes de *tai chi*. Os monges zen-budistas no Japão iniciam o dia às 4h da manhã, sentando-se *zazen* e tomando silenciosamente o café da manhã em *oryoki*. Seja decidindo nos sentar para a meditação toda manhã, bebericar o café conscientemente, seja começando o dia com algum outro gesto de suave tranqüilidade, apreciar nossa vida de forma deliberada pode ser um ato profundamente benéfico.

Ao apreciarmos a intimidade das rotinas matinais, começamos o dia expressando uma confiança bem básica: que estamos à vontade sendo quem somos, como somos. Nossas rotinas matinais podem parecer solitárias, porém profundamente sentidas, simples e tranqüilas, e, ao mesmo tempo, alertas e renovadas. Essa é a intimidade que saboreamos: gostamos de ser exatamente quem somos por um breve momento, confiantes em sermos apenas nós mesmos. Não precisamos passar às pressas por esses momentos, engolindo o café da manhã ou nos distraindo com as entrevistas nos programas de rádio. Podemos parar e apreciar plenamente nossa vida no momento.

Apreciar a intimidade das rotinas matinais sugere que nossa experiência de quem somos na calma da manhã — antes de nos apressarmos, antes de iniciarmos nosso dia agitado — nos deixa vislumbrar nossa autenticidade básica, um momento íntimo de simplesmente ser. Podemos dirigir a ONU ou apenas tomar conta de um quiosque de limonada; podemos ser um artista famoso ou um cobrador de pedágio no interior do país, mas, no final das contas, somos todos inteiramente humanos, *antes de tudo*. E é aqui, de manhã, que começamos tudo de novo.

29

Reconheça os pequenos aborrecimentos

TODOS NÓS VIVENCIAMOS pequenos aborrecimentos no trabalho — fatos rotineiros aparentemente monótonos, que em geral não percebemos: permanecer "à espera" no telefone, aguardar na fila da copiadora ou do café, esperar uma tela de computador abrir, ficar parado no trânsito. Podemos considerar tais momentos irritantes ou improdutivos, uma perda de tempo a ser evitada se possível. No entanto, tratados de forma adequada, esses pequenos aborrecimentos podem diminuir a velocidade e a agitação do nosso trabalho, ajudando-nos a permanecer alertas, disponíveis e despertos.

Um pequeno aborrecimento comum para muitos de nós é andar de elevador. Apertamos o botão e esperamos alguns instantes enquanto os outros passageiros se reúnem para a breve viagem. Quando as portas se abrem, paramos enquanto os passageiros saem, e então entramos em fila no pequeno espaço, selecionamos nosso destino e ocupamos nosso lugar entre os outros companheiros de viagem. As portas se fecham e ocorre uma experiência familiar, porém peculiar. Se estivermos prestando atenção, podemos notar duas coisas. Primeiro, durante os poucos segundos no elevador, nossas condições físicas parecem bem imediatas. Estamos próximos às paredes do elevador e aos outros passageiros, com muito pouco para ver, ouvir e cheirar. Nossos sentidos parecem extraordinariamente aguçados e nosso ambiente distintamente vívido. Segundo, talvez notemos que esse imediatismo nos deixa um pouco desconfortáveis. Logo começamos a fazer pequenas coisas para nos distrair: passamos o peso do corpo de um pé para o outro, olhamos de forma mecânica para o relógio, verificamos os números dos andares e depois olhamos outra vez para o relógio. O que é tão importante sobre o pequeno aborrecimento do elevador — de fato, sobre todos os pequenos aborrecimentos em geral — é que estamos realmente *despertos* nesses momentos rotineiros — *mas também tentando evitar nossa experiência*, distrair-nos do intenso imediatismo do momento.

Os pequenos aborrecimentos — sejam trajetos de elevador, pausas num discurso ou engarrafamentos — podem ter uma sensação vagamente desalentadora. Estamos sendo cutucados pelo nosso mundo, provocados, convidados a despertar. Reconhecer os pequenos aborrecimentos nos estimula a lidar com esse leve desconforto, estando alertas e plenamente presentes sem distrações. Em vez de permitir que o aborrecimento, curto ou prolongado, nos faça dormir, revertermos a equação, lidando com o aborrecimento com toda a sua simples intensidade vívida e sem adornos, deixando que ele nos desperte. Ao nos relacionarmos com pequenos aborrecimentos com esse tipo de precisão, nós os transformamos em prática, degraus pelos quais caminhamos todos os dias e que formam a base para diminuirmos nossa velocidade, abandonando nossos ensaios interiores e estando plenamente alertas às situações que vivemos.

Uma experiência comum na minha carreira corporativa foi participar de reuniões na sala de diretoria. Ao longo dos anos, o tom e o ritmo dessas reuniões variaram enormemente — às vezes, tensas; outras vezes, agradáveis; algumas vezes; apressadas; outras vezes, controladas. Não importava qual fosse o tom ou o ritmo, qual fosse o assunto ou a dificuldade em discussão, haveria sempre um pequeno aborrecimento que me lembrava de ficar alerta, disponível e curioso.

Na maior parte do tempo, antes de a reunião começar, eu e meus colegas esperávamos em silêncio por cerca de 60 segundos, enquanto as chamadas de conferência eram feitas para trazer as pessoas para a reunião. Era um momento rotineiro, monótono e ligeiramente irritante e desconfortável. Alguns remexiam os papéis ou deslocavam a caneta sobre a mesa. Outros olhavam pela janela ou para o relógio. A breve pausa era um pequeno aborrecimento para mim, no qual podia freqüentemente abandonar meus ensaios e minhas ansiedades e, por um momento, relaxar por completo e observar o ambiente. No meio da sala de diretoria havia um telefone com microfone e alto-falante utilizado para conduzir as conversas em viva-voz. Assentado de forma proeminente sobre a mesa com seu teclado e design de alto-falante aberto, o dispositivo tinha leves entalhes e os números em algumas das teclas estavam gastos e tinham perdido a cor. Ao longo dos anos, eu passei a conhecê-lo muito bem. Com o tempo, o alto-falante em si representou para mim um convite para diminuir a velocidade da minha mente, abandonar meus ensaios e estar presente. Por fim, apenas o fato de ver o alto-falante me lembrava de despertar. Até hoje, sempre que vejo o mesmo modelo de telefone, não consigo evitar ficar alerta e curioso quanto ao ambiente.

Reconhecer pequenos aborrecimentos tem um jeito peculiar de permear e informar nossa experiência de trabalho, convidando-nos para que cada vez mais aspectos do nosso cenário físico nos cutuquem e nos despertem. O quadro da paisagem familiar que vemos toda manhã, quando saímos de nosso pequeno aborrecimento no elevador, nos convida repetidamente a despertar. A caneca de café na mão enquanto esperamos o café coar nos cutuca o dia todo. A coluna de metal gasta na parada de trem que nos saúda e nos desperta toda manhã agora nos saúda e nos desperta no caminho de volta à noite. Nossa gravata favorita ou nossa echarpe favorita, a vista que temos da janela do escritório, o teclado do computador — tudo nos convida e nos provoca a estar despertos no trabalho. À medida que estendemos nossa experiência dos pequenos aborrecimentos, todo o nosso ambiente de trabalho se torna um convite maior para despertarmos.

Por fim, começamos a nos sentir em casa no trabalho. Não no sentido de que podemos tirar os sapatos e andar de roupão e chinelos. Em vez disso, nossas rotinas e nosso ambiente de trabalhos familiares se tornam um lembrete contínuo de que nosso mundo é, ao mesmo tempo, vasto e profundo, embora extremamente pessoal e rotineiro. Aos poucos, começamos a apreciar o ritmo natural de todos os nossos atos: segurar a porta para um colega ou fechar um contrato de 1 milhão de dólares, manusear uma caneta ou um lápis ou dar remédio a um paciente moribundo. Surpreendentemente, ao sermos precisos com os pequenos aborrecimentos, descobrimos uma maneira de sermos precisos com o trabalho em geral. Reconhecer os pequenos aborrecimentos nos faz lembrar de que não precisamos ficar entorpecidos pelas pressões e pelas rotinas do trabalho. Ao reservamos um tempo para observar os momentos aparentemente insignificantes que nos convidam a despertar, podemos redescobrir um ritmo natural e preciso que pode informar e elevar tudo que fazemos ao longo do dia.

30

Respeite o carma

HÁ MUITAS NOÇÕES comuns de carma: "No final, todo mundo tem o que merece" ou "Jogue as cartas que recebe" ou "Tenha cuidado com o que deseja". Tais idéias, na verdade, tocam em aspectos profundos do carma que são realmente dignos da nossa atenção. Porém, se formos respeitar o carma como parte de estarmos despertos no trabalho, precisaremos ir além da simples compreensão popular.

Em sua definição mais simples, o carma é a lei de causa e efeito que governa o comportamento humano. Filósofos, psicólogos e professores, ao longo dos séculos, confrontaram-se com muitas das perguntas apresentadas por esta noção: se somos governados por causa e efeito, então somos predestinados? Temos livre-arbítrio? Como deveríamos nos conduzir em nossa vida se já estamos fadados a cumprir nosso carma? Por que as pessoas imorais freqüentemente parecem levar vidas proveitosas enquanto pessoas decentes vivem na miséria? Pensar sobre essas questões pode produzir reflexões interessantes e dilemas morais frustrantes. O trabalho, porém, exige que sejamos mais práticos. Em vez de sermos filosóficos, podemos adotar uma abordagem simples ao examinar a influência do carma sobre como realizamos o trabalho.

Se, quando criança, você gostava de cuidar dos seus brinquedos, mantê-los limpos e guardados de forma adequada em caixas ou no armário, você criou o carma ou uma *tendência* a manter as coisas organizadas. Manter os armários, as mesas ou as gavetas organizadas e limpas mais tarde na sua vida ficou um pouco mais fácil, porque você fez isso antes e não foi algo fora do comum fazê-lo novamente. Ser organizado e limpo tornou-se rotina, ou um "bom" hábito. Por outro lado, se você viu alguém deixar cair uma nota de cinco dólares na rua e a pegou e guardou para si, você criou o carma ou uma *tendência* a furtar. Agora que fez isso, guardar coisas que não lhe pertencem se torna mais fácil. Furtar, então, se torna rotina, ou um "mau" hábito. Segundo as leis do carma, manter nosso mundo organizado e limpo é uma tendência saudável, e furtar é uma tendência prejudicial.

No trabalho, as tendências cármicas têm muitos nomes: atitudes, procedimentos, rotinas, competências, especialidade. Esses nomes descrevem as maneiras como estamos predispostos a nos conduzir, modelos que seguimos e produzem resultados. Se reservarmos um momento para nos examinarmos, notaremos que já desenvolvemos centenas de tendências — comportamentos, rotinas, habilidades e atitudes relacionadas ao trabalho — algumas úteis, outras, nem tanto. Algumas produzem resultados preferenciais; outras, resultados sem os quais preferiríamos viver. O respeito ao carma nos incentiva a observar com atenção que a maneira como desenvolvemos nossas rotinas, habilidades e atitudes é algo com o qual conviveremos por algum tempo. Se decidimos sair do trabalho cedo, mas escondemos isso do gerente, criamos carma ou uma tendência a manipular a situação, tornando mais fácil e mais provável que o façamos no futuro. Se decidimos auditar de forma precisa os pagamentos de impostos da empresa, criamos carma ou uma tendência a sermos honestos e dignos de confiança, tornando mais fácil e mais provável sermos assim no futuro. Fundamentalmente, respeitar o carma reconhece que o que quer que façamos agora, neste exato momento, torna mais fácil e mais provável fazer o mesmo no futuro.

Nossas tendências a nos comportarmos de certa maneira no trabalho são acompanhadas por sentimentos distintos. Por exemplo, se nos últimos 10 anos você tem feito móveis, provavelmente desenvolveu um ritmo natural no qual trabalhar. Manusear as ferramentas, encaixar as juntas, carregar a madeira — tais hábitos trazem uma sensação pessoal que você desenvolveu. Talvez você se sinta espontâneo e à vontade ao fazer móveis. Quando surgem novos desafios, você se sente suficientemente confortável e relaxado para se adaptar e adotar novas abordagens. "Eu posso fazer esta mesa de olhos fechados", você poderia dizer, confiante na sua habilidade de fazer móveis. Você não está constantemente reaprendendo a usar um martelo ou a escolher a madeira. As suas formas de trabalhar com a madeira já estão tão arraigadas que parecem simples, gratificantes e sem esforço.

Em outros casos, porém, podemos ficar presos em nossas tendências. Por exemplo, você pode ter ficado ressentido com a maneira pelo qual foi tratado no trabalho. Ao longo dos anos, seu gerente pediu que você desempenhasse tarefas que talvez você ache que não estão à sua altura ou para as quais seja qualificado demais. Talvez, às vezes, você tenha sido solicitado a limpar o escritório ou encomendar suprimentos, e se sentiu diminuído. Você é excluído de reuniões importantes e sua opinião raramente é solicitada. Você ficou com raiva e na defensiva quanto à sua posição no trabalho, criando uma tendência ou uma atitude com um tom particularmente desagradável. Em oposição ao ritmo sem esforço do trabalho com madeira, seu estado defensivo parece contraído, intenso, amargo e um pouco fora de controle. Sempre que você é solicitado a fazer tarefas inferiores — na verdade, quando seu gerente pede que você faça *qualquer coisa* —, sua defesa e sua raiva parecem ganhar vida, e você fica preso nelas, incapaz de se adaptar ou até mesmo de pensar claramente. Cada novo encontro com o gerente se torna uma ameaça distinta em que você sente a necessidade de se defender.

O respeito ao carma começa com o reconhecimento desses sentimentos e do modo como eles variam nas diferentes situações e tendências. Em um extremo, temos tendências que parecem não representar esforço e serem naturais. Podemos adaptar nossas atitudes e nossas habilidades a novas circunstâncias, confiantes em nossa capacidade. No outro extremo, temos tendências que parecem sólidas e difíceis, pelas quais nos sentimos impelidos pela velocidade rigorosa de nossas atitudes e nossos hábitos, sentindo-nos apertados, rígidos e incapazes de nos adaptar. Começamos a perceber como certas tendências nos aprisionam e outras nos livram; como certas atitudes parecem não representar esforço e outras parecem ser tensas; como certas rotinas parecem abertas e adaptáveis e outras rígidas e teimosas.

Se examinarmos esses sentimentos subjacentes à nossa conduta no trabalho, descobriremos uma das leis profundas do carma: quanto mais tentamos nos defender, mais tensos e claustrofóbicos nos sentimos; quanto mais tentamos ajudar aos outros ou contribuir de forma positiva com o nosso mundo, mais nos sentimos abertos e adaptáveis. A razão é bastante simples: nos defender é inútil, enquanto ajudar os outros e contribuir para o mundo não o é. Respeitar o carma nos incentiva a sermos conscientes de nossas tendências, desenvolvendo aquelas que fazem com que nos sintamos abertos e adaptáveis, e abandonando aquelas que nos fazem sentir tensos e claustrofóbicos.

O desenvolvimento de tendências saudáveis ou do carma "bom" pode ser bastante sincero. Sabemos quando o sentimos. Ser cortês, honesto e digno de confiança, cultivar o *li* e ser decente em relação aos colegas no trabalho são atitudes essenciais, é claro. Ser meticuloso no trabalho, responsável no cumprimento dos compromissos, estar disposto a aplicar seus talentos — essas também são atitudes óbvias. Porém, abandonar o carma "ruim" ou as tendências prejudiciais que nos tornam defensivos e inflexíveis no trabalho — arrogância, ressentimento, ganância, preguiça e inseguranças de todos os tipos — é muito mais complicado. Quando temos atitudes rígidas e de defesa própria no trabalho, geralmente temos um ponto cego, sem a ciência de que nossa conduta é improdutiva, talvez até abusiva. Conseqüentemente, tomar consciência do nosso estado defensivo no trabalho pode ser bastante difícil.

No entanto, se trouxermos nossa consciência para se relacionar com esse estado de defesa, mesmo por um breve momento, descobriremos que nossos sentimentos de tensão e resistência são bastante intensos e vibrantes. Tocamos o tom da nossa luta pessoal com nossa consciência pura, sentimos o ressentimento, a presunção ou o medo, e vivenciamos o sofrimento de forma direta, sem quaisquer filtros. Inevitavelmente, nossa consciência revela que estamos aprisionados por tais tendências defensivas; de forma instintiva, sabemos que nossas ansiedades estão nos dizendo que algo está errado. Respeitar o carma nos incentiva a valorizar tais sentimentos como alertas: "Acorde! Diminua o ritmo! Observe onde você está! O que você não está percebendo?"

Respeitar o carma nos faz lembrar de que temos o poder de sermos decentes ou corruptos, úteis ou egoístas, defensivos ou abertos, em todos os momentos do dia. A todo instante, temos a escolha de colocar em movimento as tendências que tornarão mais fácil nos adaptarmos e sermos autênticos, ou que tornarão inevitável que nos ceguemos pela defesa e pela preocupação. Também nos vemos herdando tendências de escolhas passadas, algumas úteis, outras, nem tanto. Ao estarmos cientes de nossos sentimentos de tensão e claustrofobia, ou de tranqüilidade e de abertura, podemos lentamente abandonar a arrogância, a raiva e a ganância e cultivar a tranqüilidade e o bem-estar para nós mesmos e para os outros. Ao trazermos à consciência a tensão e a velocidade de nosso estado de defesa, podemos estourar a bolha da nossa cegueira e nos lembrarmos de despertar e prestar atenção. E, ao estarmos conscientes de nossos sentimentos de tranqüilidade e flexibilidade, podemos ajudar aos outros sem ressentimento, produzindo humor e prazer entre nossos colegas.

Ao respeitarmos o carma, reconhecemos que não há respostas fáceis, nem loteria, nem garantias. Em vez disso, construímos nosso mundo e nosso caráter um passo de cada vez, uma semente de cada vez, produzindo, aos poucos, o fruto da confiança e da abertura. Ao respeitarmos o carma, tornamos nosso mundo mais decente para nós mesmos e para os outros à nossa volta.

31

Pratique o não-saber

TODOS NÓS QUEREMOS ter um propósito no trabalho e desejamos saber como desempenhar nossas funções. Se estamos servindo sorvete, queremos saber como tirar as porções corretas e servi-lo de forma atraente. Se estamos consertando um veículo espacial, queremos saber utilizar o níquel e o titânio em escudos protetores para suportar temperaturas extremas. Da forma mais básica, saber como fazer as coisas no trabalho é o que importa.

Por outro lado, *não saber* o que estamos fazendo no trabalho parece completamente inaceitável. Se fôssemos dizer para o nosso chefe ou nosso cliente "Não sei o que estou fazendo; não estou seguro de que tenho o controle da situação", essa pessoa poderia perder a confiança em nossa capacidade e começar a duvidar de que somos a pessoa certa para o serviço. Se não sabemos o que estamos fazendo, as coisas podem sair do controle. Problemas de todos os tipos podem surgir.

A fim de evitar o surgimento de tais desastres, costumamos aguardar nossas incertezas em relação ao trabalho para nós mesmos. Como é inaceitável *não saber*, podemos, às vezes, fingir que sabemos o que estamos fazendo quando na verdade não sabemos. Wall Street é maravilhosa para tais enigmas. Em Wall Street, *parecer* ser especialista por meio da conversa é metade do jogo: vencimentos casados, volume *on-balance*, especuladores, pagamento líquido contínuo, baixas crescentes — quanto mais jargão financeiro você lançar, mais os outros supõem que você sabe o que está fazendo. Claro que Wall Street não é o único lugar onde as pessoas se escondem atrás de jargões. Todos nós, até um certo grau, nos sentimos inseguros no trabalho e tentamos mascarar o fato — projetar uma imagem de confiança e know-how.

O fato é que não conseguimos evitar não saber; simplesmente, não sabemos em grande parte do tempo. Como o trabalho é confuso e cheio de surpresas, somos constantemente expostos ao fato de não sabermos o que está acontecendo ou o que está prestes a acontecer. Como isso causa uma sensação de desconforto e incerteza, tentamos nos agarrar a respostas a fim de nos sentirmos seguros. Porém, estar desconfortável e inseguro não precisa ser visto como uma fraqueza ou um problema que precisa de uma resposta imediata. Se pararmos para examinar de perto, poderemos utilizar o conselho oferecido no clássico ensinamento zen "Simplesmente não saiba" e descobrir que não-saber é um recurso tremendo para sermos eficazes e inovadores no trabalho.

Cultivar o não-saber não significa que, como motoristas de ônibus, esquecemos que rota tomar ou de pegar os passageiros no ponto. Nem é desculpa para ser incompetente: "Puxa, não sei colocar papel na copiadora; acho que vou deixar para lá e encontrar uma copiadora que funcione." Também não é não-saber quando nos recostamos e dizemos de forma vaga para nós mesmos: "O que é que está acontecendo aqui?" Em vez disso, não-saber é nossa disposição a diminuir o ritmo, abandonar nossos preconceitos e estar interessados e presentes em nossa situação de trabalho enquanto ela se desenrola. Não-saber, nesse sentido, é um exercício de equilibrar os esforços — *estar* de forma ativa e inteligente em algum lugar no processo de *chegar* a algum lugar.

Não-saber começa com o fato de conceder-nos uma pausa na tensão de sempre saber o que fazer, na constante realização de algo. Passamos do sentimento de *fazer* algo acontecer a *deixar* algo acontecer. Relaxamos com nosso corpo e nossa mente e damos uma boa olhada em nosso ambiente. Não nos apegamos mais ao que sabemos e, em vez disso, ficamos empolgados com o que não sabemos. Diminuímos a corrida para terminarmos o serviço e nos permitimos notar as coisas que normalmente não percebemos. Deixamos que nossa curiosidade tenha rédeas livres. Os retratos de família pendurados na baia do nosso colega não desaparecem mais no segundo plano, mas são coloridos e convidativos. O uso freqüente que nosso subordinado faz de "Desculpe, mas..." não passa de forma rotineira, simplesmente ignorado com sendo uma expressão gasta. O hábito da advogada do nosso cliente de olhar para o relógio se torna intrigante. A rachadura numa viga de metal, a alegria na voz, a data incorreta numa carta-padrão — tudo se torna disponível e de interesse potencial.

Não-saber é algo extremamente inquisidor, uma curiosidade cheia de energia, que inspeciona e questiona sem ser grosseira ou desrespeitosa. Aqui não estamos curiosos com o propósito de provar um ponto de vista, colocar a culpa em alguém ou resolver um problema; em vez disso, há uma sensação de que a situação de trabalho é convidativa e clara — talvez até vasta e profunda

— e digna de nossa atenção. Ao não saber, permitimo-nos vagar e observar, ficando interessados em eventualidades aparentes que possam produzir reflexões úteis.

Na década de 80, as firmas de Wall Street mediam tudo: percentagem de negócios efetuados em 24 horas, tempo médio de rotatividade para a troca de estoque, percentagem de chamadas efetuadas a tempo; a lista era infinita. A gerência "sabia" o que estava ocorrendo, às vezes, a cada segundo. Apesar de tanta atenção ao detalhe — ou talvez por causa dela —, algumas questões vitais eram ignoradas.

Uma das minhas missões de consultoria à época exigiu que eu entrevistasse empregados numa "reorganização departamental" de 120 pessoas para descobrir por que as pessoas estavam mudando aos montes para a concorrência — uma rotatividade anual de 50 por cento. Durante um passeio informal pelo andar, tudo *parecia* como de rotina — as pessoas estavam ocupadas e eram geralmente agradáveis. A atmosfera era caótica, mas bastante focada. Notei uma mulher de meia-idade no canto que, ao primeiro olhar, combinava perfeitamente com o cenário — mas sua mesa parecia um pouco organizada demais e a sua postura relaxada demais. Pedi para entrevistá-la e fui informado que ela era "apenas a secretária do departamento", que trabalhava para a companhia havia 31 anos, tinha pouco a ver com a função diária do departamento e realmente não corria o risco de ir embora. Havia gerentes e empregados em situações mais críticas para serem entrevistados.

À medida que passei a conhecer um pouco as pessoas no departamento, descobri que uma das condições das quais eles reclamavam de forma mais amarga era da falta de água. O verão em muitos dos edifícios mais antigos de Wall Street podia ser brutal. O ar-condicionado não estava disponível com freqüência nos andares grandes e abertos de operações e os ventiladores ficavam circulando o ar a temperaturas de 26 a 30 graus. A única "mordomia" era a água gelada: cada departamento tinha o seu bebedouro, mas o bebedouro daquele departamento tinha sido retirado. Outros itens, tais como ventiladores de mesa, calculadoras, até mesmo lápis e *post-its*, eram quase impossíveis de se obter — por "razões de orçamento", as pessoas eram informadas. Muitos consideravam tais condições um sinal para partir para outro emprego.

Quando eu trouxe essa questão à atenção da gerência, eles ficaram surpresos. Os orçamentos eram apertados, sem dúvida, mas negar água e lápis às pessoas? Os gerentes ficaram fora de si e quiseram saber quem tinha autorizado tais restrições. Seu nome era Sarah e ela era "apenas a secretária do departamento", que, após 31 anos de lealdade à companhia, combinava com uma mesa que era um pouco arrumada demais — e tinha um profundo desejo de controlar.

Num sentido muito real, o problema não era Sarah, mas sim a inabilidade da gerência de "não saber" sobre as condições no departamento. Para a gerência, 95 por cento dos negócios eram feitos em menos de 24 horas, então eles sabiam que o departamento estava bem. Ironicamente, esse conhecimento os cegara. As pessoas estavam indo embora não porque não tinham água nem lápis, mas porque os gerentes, ao pensar que sabiam o que estava acontecendo, estavam, de fato, fora da realidade, anunciando de forma clara: *Nós estamos desprezando vocês; vocês não são valorizados*. Os gerentes não teriam ignorado uma mensagem dessas se tivessem se permitido não saber de vez em quando. Poderiam ter prestado mais atenção aos relatórios de despesas que estavam assinando, relatórios autorizados por Sarah, que estava fazendo um excelente trabalho no controle de custos e em privar os empregados de água.

O lembrete "Pratique o não-saber" nos incentiva a diminuir a velocidade por sermos constantemente especialistas no nosso trabalho, a passar de *fazer algo acontecer* a *deixar algo acontecer*. Podemos permitir que nosso ambiente de trabalho se torne disponível para nós, permitindo que nossa inteligência e nossa curiosidade naturais tenham rédeas livres. Em vez de resistir a não saber, podemos relaxar e entender isso como parte natural e necessária do trabalho. Podemos nos permitir a oportunidade de apreciar, ouvir, observar e ser curioso a respeito das eventualidades, das rotinas, das surpresas e até mesmo das irritações do nosso trabalho, em vez de não darmos valor a elas ou nos sentirmos repelidos por elas. Podemos nos dar ao luxo de ouvir as mensagens não expressas, freqüentemente enviadas sem intenção e até mais freqüentemente compreendidas de forma equivocada. Ao não sabermos, nos abrimos, e o mesmo acontece com o mundo à nossa volta, oferecendo em abundância reflexões e orientações inexploradas.

32

Seja humilde porém ambicioso

É NATURAL SER DETERMINADO e motivado no trabalho. Nós todos queremos atingir nossos objetivos, não importando a simplicidade ou a grandiosidade deles. Podemos ficar até tarde com nossos colegas para fazer os ajustes finais numa apresentação. Ou podemos querer nos tornar o vendedor do ano e ensaiamos nossa estratégia de venda meticulosamente, para assegurar que cada detalhe seja conduzido de forma adequada. Tal abordagem em relação ao trabalho pode ser bastante satisfatória. Nossa ambição em nos destacarmos e desempenharmos bem nossas funções tem uma sensação renovada e gratificante, e não nos importamos em fazer um esforço extra para sermos bem-sucedidos. No entanto, se o nosso ímpeto de ser bem-sucedido perder o equilíbrio, podemos nos sentir confinados e sobrecarregados pela nossa ambição, até mesmo obcecados. Nesses casos, quando nossa necessidade de sucesso se torna intensa demais, dizem que estamos sofrendo de "ambição cega".

A "ambição cega" é considerada cega porque, em nossa pressa de sermos bem-sucedidos, ignoramos o mundo. Ficamos tão viciados em chegar a algum lugar rápido que até mesmo viver nossa vida se torna um problema constante. Podemos ficar tão envolvidos em nossa necessidade de atingir um alvo que nos esquecemos de compartilhar o sucesso com os outros ou reconhecer suas contribuições. Nosso ímpeto pode ser tão intenso que ignoramos nossas próprias necessidades. Talvez nossa saúde sofra porque não nos concentramos em nada que não seja o trabalho, ou nossa família fique ressentida porque nos tornamos cegos para eles, envolvidos superficialmente com suas vidas, mas não disponíveis de verdade. Ou podemos ficar tão cegos com nossa ambição que achamos que temos o direito de ignorar as regras, tais como as normas de contabilidade e ética. Quando estamos cegos para o mundo dessa forma, ficamos profundamente fora da realidade com os resultados de nossas ações, criando uma enorme confusão para nós mesmos e para os outros.

É difícil explorar nosso coração e nossa mente quando estamos cegos pela ambição. Parar por um momento para sentir a textura da nossa experiência parece bastante fora de questão. Nós, portanto, compreendemos mal a maioria dos sinais que estamos recebendo. Interpretamos equivocadamente a irritação dos nossos colegas como sendo "apenas lamentação" e nossa exaustão como sendo o resultado de um "trabalho bem-feito". A crítica é considerada despeito. Perguntas dos auditores pedindo explicações? Meros sinais de parada em nossa estrada para a realização. Nossa cegueira esconde os fatos, incluindo nosso próprio desespero.

O resultado final da ambição cega é que estamos presos num

penoso ciclo de esperança e medo. Somos conduzidos pelo desejo arrogante de conquistarmos nosso trabalho e pelo medo miserável de podermos ser vencidos por ele. Não dito porém óbvio, ignorado porém instigando todos os nossos atos, nossa arrogância e nosso empobrecimento seqüestram nossa sensação de entusiasmo e nos cegam para sermos genuinamente quem somos, onde estamos. No fim, ficamos tão sem equilíbrio, tão viciados em nossa esperança de chegar a algum lugar rapidamente que cada vez mais interpretamos a situação de forma errada, ficando perdidos e confusos em nossa busca pelo sucesso.

No entanto, a ambição no trabalho não precisa se tornar cega. Podemos estar despertos no trabalho e, mesmo assim, nos empenharmos para alcançar nossos objetivos e fazer bem nosso trabalho. Podemos ser determinados e entusiasmados sem nos perdermos no trabalho. Essa abordagem exige, no entanto, que equilibremos nossa ambição para chegar a algum lugar com o fato de *ser humilde*.

Quando pensamos em ser humildes, podemos nos imaginar como sendo tímidos e retraídos ou calados quando somos elogiados. Seríamos modestos e nos depreciaríamos se fôssemos solicitados a ir ao palco para receber o prêmio de "Empregado do Século". Se fôssemos solicitados a dizer algumas palavras, faríamos exatamente isso, dizendo pouca coisa além de que não o merecemos. Tal imagem de humildade subestima a dificuldade de ser realmente humilde. Ser humilde não é ser um palerma. Em vez disso, ser humilde é estar disposto a lidar meticulosamente com os detalhes do trabalho, ser paciente e cuidadoso ao gerir as exigências do trabalho. Os detalhes e a confusão do trabalho não estão abaixo de nós; eles não são intromissões, incômodos, disfunções ou inconveniências. Os detalhes do trabalho são, de fato, o modo como vivemos a vida no trabalho — conscientemente presentes e respeitosamente envolvidos.

Quando estamos sendo humildes, não estamos passando às pressas pelo momento presente devido a sentimentos de orgulho ou ganância. Estamos dispostos a lidar com as incertezas e as surpresas do trabalho no momento presente. Ao fazê-lo, cultivamos um entendimento profundo e tranqüilo de como o trabalho influencia nossa vida. Nosso emprego, nosso sustento, os colegas com quem trabalhamos, os projetos que gerenciamos, o contracheque que recebemos, o chefe a quem prestamos atenção — todas essas coisas estão organizadas de forma perfeita para nos ensinar o que precisamos fazer, a fim de despertarmos e sermos autênticos. E como apreciamos tal coisa, podemos ser gratos, respeitando e valorizando profundamente nossas circunstâncias. Preparar-nos de forma adequada para as inspeções de negócios, cuidar dos detalhados relatórios de despesas, lidar pacientemente com os problemas de atendimento ao consumidor e revisar com cuidado os resultados dos testes clínicos se tornam nosso caminho espiritual. Ser humilde é trabalhar tranqüila e meticulosamente com essas coisas, dando os pequenos passos práticos que a ambição cega com freqüência considera meros incômodos. Nessa disciplina, encontramos uma ambição desperta e fluida, que não é seqüestrada pela arrogância da esperança e pela hesitação do medo.

"Ser humilde porém ambicioso" nos faz lembrar de "equilibrar os dois esforços" em nossa determinação e em nosso entusiasmo no trabalho, de ancorar nosso esforço de *chegar a algum lugar* a *estar em algum lugar*. Ao sermos humildes de tal maneira, tornamo-nos gratos ao nosso ambiente de trabalho, porque é a nossa oportunidade de construir um mundo sadio e decente.

"Ser humilde porém ambicioso" nos faz lembrar de maneira bem simples: é bom saber aonde você está indo, para que você não acabe no lugar errado. Porém, se você não é suficientemente humilde para apreciar e respeitar o lugar onde está, provavelmente já está perdido.

33

Observe e reduza a velocidade no trabalho

O TRABALHO PODE SER rápido e implacável: prazos opressores, objetivos surgindo de forma ameaçadora, reuniões infinitas; e-mails, telefonemas, listas de coisas "a fazer". Às vezes, podemos nos sentir fora de controle, como se estivéssemos dirigindo um carro sem freios, fazendo as tarefas às pressas, fazendo curvas difíceis, tomando atalhos, avançando um sinal vermelho de vez em quando. Apenas as manobras durante o dia já parecem uma realização, deixando-nos atordoados com toda a agitação. Podemos até dizer para nós mesmos ao fim do dia: "Ei, o que acabou de acontecer? — acabo de passar o dia inteiro num emprego sem perceber nada a seu respeito!"

Se examinarmos esse estado de ocupação de perto, notamos que funciona como uma anestesia que nos deixa insensíveis para vivenciar o momento presente. Estamos constantemente com pressa de chegar a algum lugar: ocupados apagando incêndios, reagindo a emergências, prevendo o que virá em seguida, correndo para cumprir prazos. Às vezes, podemos nos sentir tranqüilos diante de tal velocidade — controlados e decisivos. Outras vezes, somos mais imprudentes e frenéticos — impacientes até mesmo quanto a eventualidades. Nossa velocidade nos mantém indisponíveis para o nosso mundo e para nós mesmos, passando às pressas pelo momento presente, anestesiados pelos nossos empregos. Porém, ironicamente, a mesma velocidade que nos entorpece no trabalho também pode nos despertar se estivermos conscientes.

Quando nos sentamos na meditação, somos, inevitavelmente, confrontados com a mesma mente agitada que está no controle no trabalho. Na meditação, todavia, simplesmente nos sentamos e observamos isso: a nossa constante tagarelice mental, nosso desejo de estar em outro lugar, nossa ansiedade para nos divertirmos. Depois viramos nossa atenção novamente para o momento presente. Ao tomarmos consciência da nossa inquietude, podemos atravessá-la e despertar. Ao sentarmo-nos, observamos rotineiramente e reduzimos a velocidade repetidas vezes. Nossa inquietude e nossa velocidade nos fazem lembrar, de maneira muito sutil, de nos soltar e *ser*.

Da mesma forma, quando estamos conscientes da velocidade e da agitação do nosso trabalho, damos um passo sutil: temos de diminuir o ritmo de fato para notar a velocidade que estamos imprimindo. Ao simplesmente observarmos a velocidade de modo consciente, tocamos de leve nos freios, por assim dizer, e diminuímos o ritmo só um pouquinho. Notamos que há um velocímetro no carro; notamos onde estamos por apenas um momento. Ao reconhecermos deliberadamente nossa inquietude, temos a primeira indicação de que talvez sejamos os responsáveis pela nossa velocidade, não apenas uma vítima de um emprego fora de controle.

Este livro oferece muitas técnicas para observar e cortar a velocidade do trabalho: praticando com os pequenos aborrecimentos, abrindo-se, sendo gentil consigo mesmo, até mesmo cultivando a arte da conversa. Aqui, no entanto, o que se recomenda é, na verdade, uma forma de jiu-jítsu, em que se usa a força do adversário para derrotá-lo. A mesma agitação que parece nos capturar se torna nosso principal lembrete para diminuir o ritmo, deixar correr e reconquistar uma serenidade equilibrada e aberta.

Às vezes, observar e diminuir a velocidade do trabalho pode ser um desafio de liderança essencial. Lembro-me de uma vez ter sido solicitado a comparecer a uma reunião com o presidente da empresa para inspecionar o andamento de uma oferta de aquisição multimilionária e rever alguns planos de compensação. Como fui convidado no último minuto, eu estava com um pouco de pressa para juntar meus papéis e me preparar para a reunião. Eu estava pouco familiarizado com esse tipo de discussão de negócios e me sentia ansioso e desequilibrado.

Quando entrei na sala de diretoria, havia várias pessoas ocupadas, digitando em seus laptops sem parar, um telefone tocava insistentemente, um funcionário sênior do setor financeiro estava falando alto enquanto olhava para um memorando e a recepcionista passava recados para duas pessoas que pareciam alarmadas com o que estavam lendo. Tanta coisa acontecia num ritmo tão acelerado! Quando eu me sentei, tudo parecia estar no primeiro plano, sonoro e absorto, disputando minha atenção como um circo de três picadeiros.

De repente, o presidente que convocou a reunião entrou na sala e disse: "Tudo bem, quem quer apostar? Eu aposto que a nossa oferta é aceita dentro de 24 horas." Aparentemente do nada, a velocidade e o caos que estavam comprimindo o primeiro plano foram cortadas e surgiu um segundo plano de espaço. Todo mundo parou de digitar no computador, atender o telefone, ler os recados, falar alto e, de repente, se defrontou com uma simples pergunta: quem estava disposto a apostar? De repente, houve um tremendo espaço para respirar e ser. Ocorreu-me à época que o presidente tinha intencionalmente decidido romper o caos com um pouco de humor. A velocidade na sala de diretoria o tinha alertado para diminuir o ritmo de tudo, e ele o fez de forma bastante simples.

Podemos não ter a autoridade para entrar impetuosamente numa reunião e tirar a atenção de todos da velocidade do momento, mas podemos, quando confrontados com as pressões do trabalho, dar um leve toque no freio e redescobrir a intensa clareza do momento presente. Tomar um gole de água ou oferecer o mesmo aos outros, parar para respirar fundo, sorrir ou apenas dizer "Bom dia" pode ajudar bastante a cortar a velocidade do trabalho. Ao fazer tais gestos repetidas vezes descobrimos que nosso serviço não está fora de controle; estamos plenamente equipados com freios para diminuir nosso ritmo, uma buzina para alertar os outros, faróis para nos guiar e retrovisores para verificar. Aos poucos, descobrimos que, em vez de sermos imprudentes, podemos ser engenhosos quando estivermos sob pressão, contanto que observemos onde estamos.

Algumas pessoas podem conseguir observar e diminuir a velocidade do trabalho até mesmo a 130 quilômetros por hora, enquanto outras talvez só consigam fazê-lo em velocidades mais modestas. Porém, se nós observarmos a velocidade do trabalho de forma consistente e intencional, ficamos conscientes em nossa agitação de que estamos fazendo escolhas: algumas arrebatadas e sem habilidade, outras inteligentes e eficazes. Podemos estar, por exemplo, tentando impulsivamente resolver um problema que deveria permanecer sem solução por enquanto. Talvez nossas opiniões apressada sirvam à nossa necessidade de sermos ouvidos mais do que a necessidade da nossa equipe de resolver um problema premente. Pior ainda, talvez estejamos impensadamente prescrevendo um medicamento como expressão da nossa pressa, em vez do bem-estar do nosso paciente. Observar e reduzir a velocidade do trabalho nos ajuda a separar o impulso afoito da clareza decisiva, o pânico da confiança. Como o presidente da empresa, passamos a observar que grande parte da pressa é desnecessária e pode ser redirecionada, a fim de criar espaço para ser. Começamos a apreciar, em um nível muito básico, nossa capacidade de controlar o trabalho, não apenas passar por ele. À medida que paramos cada vez mais em meio ao ritmo frenético do trabalho, nossa capacidade de realizar o trabalho e não ser vítima dele se torna mais aparente. Passamos a valorizar a deliberação em detrimento do impulso de simplesmente "fazê-lo", a comunicação clara em detrimento da pressa em expor nosso ponto de vista, o planejamento eficaz em detrimento da rotina desatenta. Em meio ao caos e à velocidade do trabalho, desenvolvemos a tranqüilidade para contar cada vez mais com nós mesmos.

É claro que apenas observar como o nosso emprego é exigente e agitado não necessariamente reduz esse movimento. "Observe e reduza a velocidade no trabalho" não sugere que podemos escapar da realidade de que o trabalho está repleto de prazos, surpresas e pressões. Simplesmente ressalta que não precisamos abdicar de nossa consciência em tais circunstâncias, que a agitação do trabalho não precisa nos tornar insensíveis para nós mesmos e para o nosso mundo. Mesmo quando as pressões estão em um nível febril, podemos parar e ser conscientes no momento imediato, permitindo que a velocidade do trabalho nos desperte, em vez de nos fazer dormir.

34

Dê outra olhada e se adapte

É APROPRIADO QUE CONFIEMOS em nossas rotinas no trabalho. Temos horários, procedimentos e padrões a serem seguidos. Ao tornarmos o trabalho um tanto previsível dessa forma, podemos ser eficazes em fazer o serviço, cumprir nossos compromissos e sermos responsáveis com nossos colegas. Muitas das nossas rotinas de trabalho diárias contêm uma grande sabedoria, desenvolvida ao longo de muitas gerações. A maneira como produzimos tensão nos metais, reconhecemos a propriedade legal ou gerenciamos um porto se baseia em rotinas que milhares de pessoas antes de nós se esforçaram para aperfeiçoar. Nesse sentido, muitas das rotinas com que contamos todos os dias são dignas do nosso respeito e do nosso exame cuidadoso. Há muito a se apreciar na maneira como se constrói uma ponte ou se transplanta um coração.

No entanto, como o trabalho é confuso e incerto, nossas rotinas estão sempre encontrando surpresas. Um gerente novo, uma modificação num sistema operacional, um incêndio no armazém, um erro de impressão no manual de instruções, tudo isso exige que repensemos o que é costumeiro e até mesmo descartemos nossas rotinas por completo. Nosso local de trabalho, constantemente em mutação, exige que demos uma nova olhada com regularidade e reinventemos a maneira como trabalhamos.

Ironicamente, às vezes, nos apoiamos em nossas rotinas quando menos precisamos delas. Quando as surpresas do trabalho exigem que nos adaptemos e inovemos, podemos, em vez disso, buscar hábitos conhecidos, tornando-nos ineficazes ou até mesmo contraprodutivos. Enviar à nossa chefe o mesmo relatório de vendas semanal que temos utilizado nos últimos cinco anos pode não ser o que ela necessita ou quer. Continuar a expedir nosso produto na base do "primeiro pedido a entrar/primeiro pedido a sair", durante uma crise de estoque só piora o desastre. Pintar o previsível quadro otimista dos ganhos corporativos para tranqüilizar os acionistas quando nós mesmos estamos longe de estar tranqüilos é uma atitude irresponsável e imprudente. Em tais casos, em vez de nos adequarmos e sermos engenhosos, congelamos e nos comportamos da forma habitual, agarrando-nos ao status quo, tentando manter um pouco de ordem em meio ao caos. Quanto mais nos agarramos às nossas rotinas, mais nosso trabalho perde o controle, ficando cada vez mais estressante e confuso. O status quo se torna uma prisão, e nossas rotinas, fardos pesados em volta do nosso pescoço.

Não é preciso dizer que ficar aprisionado pelas rotinas do trabalho é desnecessário. Adaptar-se às surpresas e ao caos não precisa ser uma tarefa monumental, mas uma simples mudança de agarrar-se para deixar correr, de manter um ponto de vista para não ter nenhum, de tentar resolver um problema a ouvir para encontrar soluções, de permanecer convencido a dar outra olhada e se adaptar.

No cerne de tal mudança está nossa disposição, em qualquer dado momento, a abandonar nossos hábitos e nossos pontos de vista fixos e nos tornarmos repentinamente disponíveis ao nosso ambiente de trabalho, permitindo que as circunstâncias se revelem. É nesse exato momento que damos uma nova olhada e nos adaptamos. Essa nova olhada não tem nenhum outro interesse a não ser compreender e avaliar melhor o momento imediato. Quando nos tornamos disponíveis às nossas circunstâncias dessa maneira, somos naturalmente curiosos, imaginando como isto ou aquilo funciona, avaliando como uma certa opinião é expressa ou nos maravilhando diante do alcance de um problema ou da elegância de uma solução. Quando nos permitimos estar presentes e disponíveis, vivenciamos uma consciência elevada, uma inteligência viva e sem fardos que é aberta e flexível porém firme.

Essa curiosidade ou consciência não é passiva, mas sim ativa. Como não estamos sobrecarregados para manter um ponto de vista, naturalmente fazemos perguntas, investigamos e esclarecemos. Ao darmos uma nova olhada e nos adaptarmos, fazemos um convite à sabedoria dos outros; buscamos o bom julgamento, reflexões úteis, conselhos experientes, abordagens novas — ouvir, ouvir e ouvir de novo. Deixamos de tentar fazer algo acontecer e, em vez disso, deixamos algo acontecer, aprendendo à medida que prosseguimos. Ao estarmos abertos e dispostos dessa maneira, podemos então inovar com confiança. Adaptar-se às surpresas do trabalho não é um espetáculo de uma só pessoa: se nos "adaptamos" apenas para nós mesmos, isso é, na maior parte das vezes, um exercício de agarrar-se ao status quo e não uma adaptação em absoluto. Incluímos as outras pessoas enquanto nos adaptamos;

experimentamos novas abordagens que satisfaçam às necessidades dos outros e não apenas às nossas. Em vez de enviarmos à nossa nova chefe um relatório-padrão de vendas semanal, discutimos com ela primeiro o que seria melhor, adaptando nossa abordagem à dela. Em vez de enviar o produto na base do "primeiro pedido a entrar/primeiro pedido a sair" durante uma crise de estoque, falamos com todos os diretores de vendas regionais e montamos uma lista de clientes prioritários para o envio de pedidos, adaptando nossa abordagem às equipes. Em vez de pintar o previsível quadro otimista dos ganhos corporativos, buscamos os pontos de vista e as opiniões de nossos gerentes, construímos um consenso entre os principais executivos e trazemos uma visão equilibrada e compartilhada para os acionistas, adaptando nossa abordagem para construir o compromisso entre muitos.

"Dê outra olhada e se adapte" nos lembra de respeitarmos nossas rotinas sem ficarmos aprisionados por elas quando as surpresas do trabalho exigirem que sejamos flexíveis. Ao abandonarmos hábitos e nossas rotinas conhecidos e "não saber", descobrimos que podemos confiar em nossa inteligência natural para lidar com o trabalho à medida que ele se revela, buscando novas abordagens para circunstâncias desconhecidas. Estar consciente e disponível durante as surpresas do trabalho aguça nossa curiosidade, e, naturalmente, buscamos a sabedoria dos outros. Incluímos os outros à medida que mudamos, sendo suficientemente flexíveis para abraçar muitos pontos de vistas, não apenas os nossos.

35

Mantenha sua posição

NO JAPÃO ANTIGO, certos senhores samurais lideravam suas tropas tomando posição em um morro acima delas, com vista para o campo onde a batalha deveria ocorrer. Ali, o senhor montava o seu quartel-general. Com barracas e bandeiras coloridas e pessoal militar indo e vindo, o acampamento real estava destinado a causar uma impressão formidável. À medida que se aproximava o momento da batalha, o senhor colocava um banquinho ou um banco na crista do morro. Lá, com uma armadura de batalha completa e armado de espadas, ele tomava sua posição com visão total de suas tropas e das tropas inimigas, com a bandeira do clã plantada firmemente a seu lado. Alguns centímetros atrás do senhor, à sua esquerda, ajoelhava-se um único assistente, também armado para a batalha.

Diante do conflito formado e dos Exércitos engajados no combate, o senhor permanecia sentado, observando os acontecimentos se desenrolarem. O duelo inicial dos arqueiros, a série de ataques de cavalaria, os soldados que atacavam pelos lados, empunhando longas lanças para derrubar os cavaleiros inimigos — o senhor assistia a toda a exibição, seguindo os planos enquanto eles se desenrolavam e os guerreiros enquanto eles desempenhavam sua função. Não obstante as circunstâncias, o senhor *mantinha sua posição* durante toda a luta, às vezes, por vários dias, permanecendo à vista de suas tropas por toda a batalha.

Às vezes, os movimentos disciplinados da tropa e as estratégias imaginativas davam resultado e a vitória parecia estar surgindo. Então, com um levante inimigo, uma linha de defesa se rompia e a maré virava. Às vezes o inimigo podia lutar com pouca distância do senhor, e suas tropas travavam um embate feroz para impedir que ele fosse afetado. Mesmo assim, o senhor não era levado para um local seguro, nem corria para salvar sua vida: ele mantinha a posição com se fosse uma montanha, com a atenção e o coração nunca se afastando de suas tropas e da batalha.

Se tudo se perdesse e as tropas do senhor fossem derrotadas, ele daria cabo da própria vida. Não se retiraria para um local seguro. Em alguns casos, se parecesse que ele estava prestes a ser sobrepujado e morto, seu assistente se levantaria e, com um único golpe rápido da espada, cortaria a cabeça do senhor — como o senhor tinha ordenado que ele fizesse antes da batalha. Sob todas as circunstâncias, o senhor mantinha sua posição.

Dizia-se que a postura e a bravura do senhor representavam enorme inspiração para o samurai envolvido no combate. Durante a batalha, cada guerreiro podia olhar rapidamente em direção ao seu senhor e ver que ele estava na mesma posição e saber que o seu espírito bravo estava vivo e com ele, observando cuidadosamente, permanecendo alerta e sereno. Os guerreiros podiam recorrer a essa força de coração e a essa vontade marcial, e a lealdade mútua com o seu senhor fazia com que eles travassem uma batalha com confiança e disciplina contínuas. O inimigo também estaria bem ciente da postura do chefe e o efeito que ela estava tendo sobre os seus adversários. Eles também sentiam o poder de tal presença, mantendo a posição de forma fria e feroz no topo da montanha.

A maior parte dos empregos, é claro, não se equipara às terríveis batalhas entre os samurais. Podemos trabalhar com um colega difícil que carrega um cortador de unhas na maleta ou um concorrente que está sempre cobrando menos do que nós, mas não há um assistente atrás da nossa mesa pronto para cortar nossa cabeça. Nem há centenas de tropas lutando até a morte sob o nosso comando. No entanto, como o senhor samurai, nós também podemos querer cultivar nossa habilidade de manter a posição, permanecermos bravos, alertas e precisos sob quaisquer circunstâncias.

A fim de mantermos nossa posição, devemos, primeiro, compreender o que nos inspira a fazer isso. Talvez mantenhamos a posição a fim de proteger nosso território, determinados a defender nosso emprego, título ou prestígio sob todas as circunstâncias. Manter nossa posição dessa forma faz com que nos sintamos suspeitos e não alertas, teimosos em vez de confiantes. Ou podemos manter nossa posição a fim de não recuarmos, como em um jogo em que testamos nossa vontade contra a de outra pessoa para ver quem cede primeiro. Ficamos com o rosto impassível, nunca entregando como realmente nos sentimos. Não ficamos sobressaltados quando perdemos o contrato de 14 milhões de dólares. Não ficamos pulando sem parar e damos "vivas" quando somos promovidos a presidente; não queremos que ninguém saiba o quanto desejávamos a promoção. Ao mantermos a posição dessa maneira, sentimo-nos presunçosos em vez de confiantes, entretidos em vez de precisos, isolados e indisponíveis em vez de serenos.

Para estarmos despertos no trabalho, não podemos manter nossa posição meramente por teimosia. Em vez disso, mantemos a posição porque fazê-lo é ser o que somos, onde estamos. Na tradição budista, tal convicção se desenvolve por mantermos a posição na meditação de forma bem literal. Quando mantemos nossa posição sobre a almofada, na verdade não somos desafiados por Exércitos samurais ferozes ou problemas de negócios difíceis. Encaramos um desafio diferente: manter nossa posição, estejamos relaxados ou tensos, frios ou quentes, alegres ou tristes; sejamos ricos ou pobres, saudáveis ou angustiados, jovens ou velhos. Podemos manter nossa posição na meditação porque estamos apavorados ou teimosos a princípio. Depois, mais tarde, porque não queremos recuar. Porém, em algum momento, ao nos sentarmos sobre uma almofada, descobrimos que estamos mantendo nossa posição porque estamos basicamente nos sentindo bem *como somos, onde estamos*. Descobrimos nossa autenticidade e entendemos que nossa confiança, nosso estado de prontidão e nossa precisão não dependem de nada mais que nossa disposição para sermos quem somos, onde estamos.

O desenvolvimento da autêntica convicção é algo extraordinariamente poderoso, porque estabelecemos como *ser* antes de explorar o que *fazer*. Tal abordagem revela que já obtivemos um êxito profundo antes de nos envolvermos em qualquer atividade. Seja conduzindo um negócio ou dirigindo um táxi, executando uma cirurgia ou cortando a grama, manter a posição já realiza uma importante parte da tarefa: determinar como vamos *ser*. Conseqüentemente, não perdemos a serenidade e o poder com pressa de fazer algo ou de ser alguém diferente de quem somos. Nossa confiança, nosso estado de prontidão e nossa precisão surgem de forma natural ao simplesmente, e de maneira corajosa, sermos quem somos, onde estamos — sem esperar que as circunstâncias confirmem ou neguem nosso estado de espírito. À medida que as situações surgem, sejam elas gratificantes ou decepcionantes, surpreendentes ou previsíveis, agimos a partir da nossa coragem inata, alertas para as circunstâncias em mutação, precisos em nossas palavras e atos e confiantes em estarmos completamente presentes e disponíveis.

Manter nossa posição de tal maneira traz a coragem e a sabedoria do antigo samurai para nosso meio de ganhar a vida. Diz-se que os mestres samurais, que estabeleceram de forma firme como ser antes de travar uma batalha, tinham desenvolvido um vasto ponto de vista chamado de mente todo-vitoriosa: uma mente cuja vitória era atemporal, qualquer que fosse o resultado do combate. Hoje, ao mantermos nossa posição sobre a almofada, no trabalho e em toda a nossa vida, nós também podemos descobrir a mesma verdade "todo-vitoriosa" sobre a nossa mente: que ser quem somos, onde estamos, é algo ilimitado, que nos dota de uma coragem que nunca desaparece.

APÊNDICES

INSTRUÇÕES PARA MEDITAÇÃO COM PRESENÇA CONSCIENTE

A MEDITAÇÃO SENTADA é um gesto amistoso em relação a nós mesmos, no qual reservamos o tempo para simplesmente ser. A consciência desenvolvida na prática se revela da forma natural no trabalho, guiando-nos para sermos autênticos, precisos e honestos. Sentar-se e ficar parado está no cerne de estar desperto no trabalho. Essa meditação não pode ser corrida nem forçada, então, não precisamos nos apressar; podemos ser flexíveis com nós mesmos e com as circunstâncias da vida enquanto aprendemos esta prática.

Postura

Quando nos sentamos, adotamos uma postura ereta, permanecemos relaxados e alertas. Os olhos estão abertos, com um olhar suave; as mãos estão espalmadas para baixo, repousadas suavemente sobre as coxas. O queixo está retraído e nosso olhar ligeiramente descendente. O rosto e o maxilar estão relaxados e a boca, ligeiramente aberta. Respiramos normalmente e nos sentamos quietos. Se estivermos sentados no chão, sentamo-nos sobre uma almofada com as pernas frouxamente cruzadas. Ou podemos escolher sentar-nos numa cadeira com os pés firmes sobre o chão. De um jeito ou de outro, nossa postura permanece a mesma: ereta e relaxada.

Pensar e rotular

Quando nos sentamos, temos duas experiências distintas. Primeiro, observamos a simples nitidez das circunstâncias imediatas: o som fraco do tráfego que passa, a cor do tapete, a leve pressão das mãos sobre as coxas, o leve cheiro de incenso. Por um momento, nossos sentidos se tornam intensamente vivos e nossa experiência no momento imediato se torna descomplicada e simples.

Depois, também notamos que estamos pensando: conversando com nós mesmos, comentando sobre qualquer coisa. Particularmente, se estivermos sentados pela primeira vez, podemos ficar extraordinariamente inquietos com nossos pensamentos. Essa agitação não é um problema; é com ela que trabalhamos ao sentarmo-nos.

Cuidar dessas duas experiências — estar alerta no momento imediato e pensar — é essencial para a prática sentada, e trabalhar com elas de forma adequada exige uma consciência precisa porém pacífica da respiração. A próxima instrução para a meditação sentada, então, é quando você observa que está pensando em dizer "pensando" em silêncio e então traz a atenção suavemente para a expiração. Você, de fato, rotula o pensamento "pensando" e traz sua atenção de volta para o *agora*.

Cuidando da respiração

Cuidar da expiração dessa forma requer paciência e vigilância. Sobretudo no começo, nossas mentes podem vagar e raramente cuidar da expiração. Ao fazermos a prática de modo paciente, porém, a mente começa a descansar com a expiração. Descobrimos que podemos manter a atenção sobre a expiração como se estivéssemos suavemente correndo a mão por uma peça de seda. Lenta e precisamente, repetidas vezes, colocamos a atenção na expiração e, por fim, encontramos o equilíbrio em que estamos conscientes tanto da respiração quanto do momento presente.

A instrução de meditação apresentada aqui é chamada de meditação *com presença consciente* ou *sentada*, e vem da tradição budista tibetana Kagyu-Nyingma. Essa instrução é o bastante para iniciar e pode até ser tudo de que você necessitará. Porém, muito provavelmente, esse não será o caso. À medida que você se aprofundar na prática de meditação diária, surgirão perguntas e obstáculos, o que é natural. Tradicionalmente, recomenda-se que os meditadores recebam pessoalmente instruções de alguém qualificado para ensinar a meditação com presença consciente. Dessa forma, você pode obter uma instrução mais completa, experimentá-la e fazer perguntas baseadas em suas experiências.

Certamente, você vai querer cultivar uma prática sentada regular, atendo-se a um horário todo dia. A princípio, 15 minutos pela manhã ou à noite será um tempo grande, mas aos poucos você vai querer estender sua prática, sentando-se 30, 40 ou talvez 60 minutos por dia. Mas é importante começar da maneira que puder, não forçar a barra. Você pode estender o tempo do período sentado naturalmente, em vez de se sentir forçado ou obrigado a fazê-lo. Recomenda-se que você reserve uma área desobstruída e livre de distrações para meditar. Seria interessante adquirir uma almofada de meditação, mas sentar-se numa cadeira ou num banco também serve.

As instruções dadas aqui são ilusoriamente simples, então eu os estimulo a não se apressarem e trabalharem com elas aos poucos e de todo coração.

INSTRUÇÕES PARA REFLEXÕES SOBRE OS PRINCÍPIOS

FALANDO DE FORMA GERAL, os princípios devem ser aplicados como uma "contemplação em ação", na qual permitimos que nossa consciência se misture livremente com as circunstâncias da vida no trabalho. No entanto, também é apropriado reservar um tempo para contemplar os desafios do trabalho de forma mais deliberada. Ao refletirmos sobre os desafios do trabalho dessa maneira, podemos retardar a turbulência da nossa mente e cultivar nossa sabedoria inata. Do mesmo modo que permitimos que a água turva repouse e aos poucos se torne clara, a contemplação acalma a velocidade diária do trabalho e suavemente permite que o nosso *li* e nossa autenticidade brilhem.

1. *Escolha um cenário tranqüilo*. Escolha um cenário físico que seja tranqüilizante e calmo. Você pode decidir passear por um bosque, sentar-se em silêncio num santuário ou numa igreja, ou simplesmente tomar uma xícara de chá na mesa da cozinha.
2. *Esteja consciente*. Reserve um tempo para abandonar seu diálogo interno e apreciar o ambiente imediato. Simplesmente observe os locais e os sons e aprecie a tranqüila abertura do mo-

mento. Recomenda-se a meditação consciente por cerca de cinco minutos.

3. *Lembre-se do propósito*. Não refletimos a fim de gratificar nossas esperanças ou eliminar nossos temores. Ao contemplarmos as circunstâncias do trabalho, estamos reconhecendo nossa engenhosidade e nossa autenticidade e escolhendo considerar ações honestas e de habilidade. Experimente este pequeno verso:

Sem esperança e sem medo,
Que eu seja honesto(a) em minhas ações,
Que eu seja útil aos outros.

4. *Convide e aprecie o objeto de contemplação*. Se você tem uma questão específica no trabalho que deseja explorar, traga-a à mente. Deixe que a mente e o coração reflitam livre e curiosamente sobre as idéias e imagens que surgem: lembre-se de experiências do local de trabalho, reflita sobre os "e se", avalie os riscos e as recompensas, sinta a excitação ou a aflição de forma completa. Em algum momento, leia um princípio, seja de forma aleatória ou deliberada. Observe quaisquer emoções e sentimentos físicos que acompanhem o assunto e anote as idéias ou sugestões particularmente úteis que vierem à mente. Esteja levemente consciente de qualquer formigamento no estômago, peso no peito ou aperto na garganta ao longo da contemplação. Permita que esses sentimentos lhe forneçam informações à medida que mistura o princípio com a contemplação das circunstâncias de trabalho.

5. *Observe quaisquer mudanças e conclua com uma aspiração*. Nem toda contemplação oferece uma resolução clara e final, embora, às vezes este possa ser o resultado É provável, no en-

tanto, que nossa visão do trabalho possa ter mudado durante o momento de reflexão. Onde outrora havia raiva, hesitação ou resistência, agora pode haver alívio, resolução ou tristeza. Uma mudança como essa na visão ou no sentimento pode nos inspirar a nos conduzirmos de forma diferente. Você pode decidir terminar a contemplação anotando uma intenção, qualquer comportamento novo ou ação que pretende adotar por causa dela. Por exemplo, após contemplar "Pratique a 'ausência de credenciais'", você pode aspirar a estar mais ciente das pessoas que lhe prestam serviços na quitanda, na lavanderia ou na cabine de pedágio. Ao finalizarmos a contemplação dessa forma, podemos então aspirar a trazer uma nova perspectiva ao trabalho.

REFLEXÕES E AÇÕES SOBRE A RIQUEZA

EMBORA A CONTEMPLAÇÃO possa ser um momento de tranqüila reflexão interior, as contemplações sugeridas a seguir exigem ação. Ouvir um conselho, preparar uma refeição, desfazer-se de um bilhete de loteria — tudo isso se destina a ampliar nossa visão do que a riqueza *realmente* é e poderia ser. Recomendo que se faça anotações ao executar essas contemplações e esses experimentos. Lide com o mundo em suas condições e simplesmente ouça e aprenda.

Amplie sua perspectiva com a pesquisa. Freqüentemente, nossa visão de riqueza é muito centrada no "eu". "O que acontecerá comigo se minhas economias acabarem?" "Agora que sou rico, posso fazer o que sempre quis!" "Se pelo menos eu tivesse mais economias, poderia me aposentar cedo." Podemos ter uma perspectiva maior ao quantificarmos como milhões de outras pessoas vivem suas vidas. Por exemplo, poderíamos pesquisar os registros governamentais do condado local para descobrir que 4.596 idosos, entre homens e mulheres, vivem da previdência social na nossa comunidade. Poderíamos usar a internet para descobrir que nosso salário e nossas economias nos tornam mais ricos que 6,17 bilhões ou 98,3 por cento de todas as outras pessoas no mundo.

Registre cada fato num arquivo comum para referência ou reflexão futura. Ao pesquisarmos e contemplarmos tais fatos, ampliamos nossa visão de riqueza, o que nos leva a abrir nosso coração e considerar os outros.

Peça ajuda. Exatamente como o Dr. John Coleman, ex-presidente do Federal Reserve Bank, da Filadélfia (ver "Pratique a 'ausência de credenciais'"), que viajava pelo país ouvindo as outras pessoas a fim de aprender como fazer uma boa política monetária, podemos fazer o mesmo. Você pode decidir visitar alguém num asilo, pedir conselhos a uma mulher que dorme na rua, ligar para o seu colega de quarto dos tempos de faculdade que é multimilionário ou simplesmente visitar sua mãe ou seu pai para pedir ajuda. Tenha uma pergunta deliberada em mente antes do seu telefonema ou da sua visita. Por exemplo, se pretende pedir ajuda a um sem-teto, talvez queira perguntar: "Que conselhos você tem para pessoas que têm muito dinheiro?" Ou: "Que três lições você aprendeu na vida que acha que poderiam me ajudar?" Cada entrevista dever ser documentada e registrada num arquivo comum para referência e contemplação futura.

Faça uma oferta. Essencial para a contemplação da riqueza é compreender o modo como a expressamos. As sugestões a seguir são, na verdade, exercícios de presença consciente e de ser autêntico, nos quais expressamos nosso senso de dignidade e riqueza ao oferecermos aos outros.

- Prepare e sirva uma refeição para a sua família ou seus amigos utilizando um orçamento de apenas cinco dólares por pessoa. Preste bastante atenção à apresentação e ao ambiente.

- Compre algo de bom gosto e de preço modesto (por exemplo, uma gravata, um cachecol, um enfeite de mesa), embrulhe-o de modo elegante e presenteie-o a um amigo ou conhecido.
- Coloque um arranjo de flores novas num lugar de destaque no escritório.
- Vista-se com seu melhor terno, ou vestido, e visite um museu, de preferência com um amigo que também esteja desempenhando essa contemplação em ação. Mantenha o ritmo e o estado de espírito simples e sem pressa. Mantenha a conversa a um mínimo indispensável. Antes de sair, escolha um objeto de arte de apelo particular e conscientemente aprecie-o juntamente com o ambiente por 10 ou 15 minutos.
- Enquanto estiver no museu, compre três a cinco cartões atraentes na loja de presentes. Use-os dentro de uma semana para escrever um breve recado a um amigo, um membro da família ou um conhecido.
- Faça uma caminhada silenciosa num bosque ou num parque. Localize uma área agradável que atraia sua atenção, debaixo de uma árvore ou ao lado de um córrego. Sente-se e aprecie o ambiente por 10 a 20 minutos. Se possível, pratique a meditação consciente. Deixe para trás um pequeno presente, tal como uma moeda, um botão de latão ou uma faixa de tecido colorido, num local apropriado.

Brinque com o poder do dinheiro. Nós quase sempre tratamos o dinheiro como um item precioso: mantendo-o seguro em nossa carteira, contando-o com cuidado, colocando-o em contas de poupança. Aqui, nós propositalmente "brincamos" com o dinheiro, estando plenamente conscientes das emoções e reflexões conflituosas que tal jogo provoca.

- Compre um bilhete de loteria, coloque-o num envelope e envie-o a um endereço ou lugar escolhido aleatoriamente, num livro escolhido aleatoriamente numa livraria. Observe como sua mente reage ao se desfazer de uma chance de ganhar.
- Pegue duas a cinco notas novas de alto valor — notas de 100 se você puder, notas de 10 ou de 20 se não puder. Lacre-as num envelope em branco, coloque o envelope sobre a penteadeira e veja quanto tempo pode abster-se de abrir o envelope e gastar o dinheiro. Observe intensamente que sentimentos surgem toda vez você que vê o envelope.
- Dê uma caminhada pela cidade sem dinheiro, cartões de crédito ou talão de cheques. Observe qualquer ímpeto de comprar comida, bebida ou outros itens. Quando percebe que não pode fazer uma compra, como fica? Como se sente?
- Lacre o máximo de notas de dois que puder (não passando de 25), uma a uma, em envelopes brancos sem nada escrito. Deixe-os em qualquer lugar que queira ou dê para alguém que escolher dentro de duas horas. Observe qualquer desconforto. Anote cuidadosamente suas escolhas.
- Saque de um banco uma pilha de notas de um dólar recém-impressas. Mantenha as notas em seu invólucro original e leve-as com você aonde for — na sua maleta, bolsa ou mochila. Abstenha-se de gastar quaisquer das notas por sete dias. Observe quaisquer sentimentos que surjam toda vez que vir as notas elegantemente empilhadas.

Contemple a abundância. Ao definirmos a riqueza como ter *uma abundância do que mais valorizamos*, deslocamos nosso foco do dinheiro para viver a vida. Reserve o tempo para anotar um a três aspectos da vida que você mais valoriza e depois lance uma campanha para agradecer aqueles que o ajudaram nesses pontos.

Se "amizade e família" têm alta prioridade em sua lista, planeje uma festa e convide todos os seus amigos e membros da família para o evento. Se "simplesmente estar vivo" aparece em sua lista, visite sua mãe e seu pai e agradeça a eles por tê-lo trazido ao mundo. Se a "espiritualidade" tem alta prioridade em sua lista, faça uma visita especial ao seu padre, pastor, rabino ou orientador espiritual para expressar seu apreço. Ou visite o lugar mais sagrado para você e faça uma oferta de coração. Se "aprender" está em sua lista, envie uma carta aos professores ou autores que você mais admira. Se a "arte" constar da sua lista, apóie um artista iniciante com palavras de incentivo ou ofereça uma ajuda mais prática.

CINCO CONTEMPLAÇÕES PARA O CULTIVO DO *LI*

O CULTIVO DO *LI* COMEÇA com a confiança de que nossa mente e nosso coração são inerentemente decentes. Quando estamos livres de ressentimentos, ganância e medo, sabemos instintivamente como nos comportar de forma adequada e generosa. No entanto, essa decência natural deve ser apreciada e desenvolvida; não pode passar despercebida. As contemplações a seguir destinam-se a ajudar a cultivar o *li* e fortalecer o senso natural de decência no trabalho.

Contemple o impacto do medo. O único grande obstáculo para o cultivo do *li* é o medo. Medo de perder o emprego, de sentir-se constrangido ou de ser colocado de lado, da incerteza, do conflito — o medo no trabalho anuvia nosso senso natural de nos comportarmos de forma adequada. Em vez disso, preocupamo-nos, censuramos e nos protegemos. Sendo assim, reconhecer o medo no local de trabalho é um exercício essencial para a compreensão de como o *li* é corrompido no trabalho. A secretária intimidada por um chefe que grita está aprendendo a *não* ser honesta; o analista de sistemas que corre para cumprir outro prazo tirânico está aprendendo a *não* confiar na gerência; o contador que é instruído a "aprovar" o aumento de salário claramente inapropriado está aprendendo a *não* ter integridade. Ao reconhecermos e refletirmos sobre casos desse tipo no trabalho, nossa convicção de sermos honestos com nós mesmos e cultivar o *li* pode aumentar.

Reflita sobre como você distorce a verdade. Quantas vezes distorcemos, colorimos ou damos nova roupagem à verdade? Ao dizer "Estou esperando há meia hora!", mas sabendo que só se passaram cerca de 20 minutos. Ou "Fiz a empresa economizar cerca de 500 mil dólares com aquele projeto", sabendo que a economia do custo final nunca foi realmente calculada. Ou "Enviei o cheque na quinta", sabendo que provavelmente era sexta à tarde. Estar ciente de como esticamos a verdade, a fim de nos protegermos ou protegermos nosso próprio enredo, é um excelente exemplo de como corrompemos o *li*. À medida que notamos nossas "mentirinhas", podemos também estar decididamente cientes do constrangimento interior e da ansiedade física que acompanham tais manobras. Podemos, então, nos abster de tal desonestidade e, em vez disso, sermos autênticos, contando com uma confiança básica que é renovada e direta.

Contemple a integridade dos outros. Há sempre pessoas que nos inspiram no trabalho. O gerente que assume abertamente responsabilidade por um problema do qual os outros parecem estar fugindo; o cliente que devolve a nota de cinco dólares que a garçonete incluiu no troco por engano; o político que se recusa a suavizar a notícia difícil. O *li* é, na verdade, manifestado milhões de vezes por dia, por milhões de pessoas em todo o mundo. Ao reconhecermos esses atos de integridade e apreciarmos a força de caráter e a decência renovada exibidas pelas outras pessoas, avivamos o *li* dentro de nós mesmos.

Releia e contemple o código de conduta ética da sua empresa. A maioria das empresa tem um código de conduta ética que está prontamente disponível a todos os empregados. Embora nenhum código possa substituir o *li*, contemplar os pontos fortes e fracos das diretrizes éticas de uma empresa pode nos oferecer idéias perspicazes sobre como o *li* pode ser mais bem cultivado no trabalho. Obtenha uma cópia, leia com cuidado e reflita sobre o seu propósito e conteúdo. As palavras são termos legais vazios ou elas inspiram uma visão de decência e integridade? Os funcionários da empresa aderem de verdade aos valores ou elas são apenas expressões batidas às quais ninguém dá atenção? Se o que foi dito por último for verdade, o que parece estar impedindo a empresa de instilar os valores nos gerentes e nos empregados da companhia? Como você melhoraria o código?

Desenvolva um código pessoal de etiqueta nos negócios. Anote as suas 10 regras mais importantes para a conduta adequada no trabalho. Aqui está um dos meus exemplos favoritos das regras pessoais de etiqueta, escrito por um executivo anônimo do final do século XIX: "Nunca quebre um compromisso quando ele for feito, seja de negócios ou de natureza pessoal. Se você for forçado a fazê-lo, emita um pedido de desculpas imediatamente, seja por escrito ou em pessoa." Ou um dos meus: "Adote a visão do outro antes de tomar uma decisão." Mantenha uma cópia do seu código pessoal em sua agenda, em sua bolsa ou em sua carteira como lembrete do que quer cultivar no trabalho.

Este livro foi composto na tipologia Bodoni BK BT,
em corpo 11,5/16, e impresso em papel
off-white 80g/m² no Sistema Cameron da Divisão
Gráfica da Distribuidora Record.